Du même auteur, en collaboration

Le développement du moi, Prolingua*, Longueuil, 1981.

S'entraider, Éditions de l'Homme*, Montréal, 1982.

Chômage: mode d'emploi, Éditions de l'Homme, Montréal, 1983.

Trouver son travail, Fides, Montréal, 1987.

Développement en tête. Une introduction au courant cognitivo-développemental en psychologie, Éd. du C.R.P., Faculté d'éducation, Université de Sherbrooke, Sherbrooke, 1988.

De-main en main: structure d'entraide vocationnelle, guide au formateur, Agence d'Arc, Montréal, 1989.

De-main en main: guide des entraidants vocationnels, Agence d'Arc, Montréal, 1989.

* Maintenant distribué par La Bibliairie, Pavillon, J.-A. Leblanc, Université de Sherbrooke, Québec, J1K 2R1

# L'orientation et les groupes

**Données de catalogage avant publication (Canada)**

Limoges, Jacques
   L'orientation et les groupes dans une optique carriérologique
   Bibliogr.: p.
   ISBN 2-7621-1459-4
   1. Orientation professionnelle.   2. Counseling de groupe.   I. Titre
HF5381.L55 1989     331.7'02    C89-096126-3

Maquette de la couverture: **Jean-Louis Léger**.
Dépôt légal: 2ᵉ trimestre, 1989. Bibliothèque nationale du Québec.

JACQUES LIMOGES

# L'orientation et les groupes dans une optique carriérologique

éditions
fides

*À ceux et celles qui, de part et d'autre de l'Atlantique, ont rendu notre année sabbatique possible, agréable et fructueuse.*

*À Robert, pour plus de quinze ans d'amitié et de complicité.*

J.L.

# Avant-propos

Ce livre a été écrit afin de combler une lacune évidente quant à l'orientation en particulier et à la carriérologie en général. En dépit du fait que la caractériologie et l'orientation se font depuis longtemps et de plus en plus en groupe, il n'y avait, à notre connaissance, aucun manuel spécifique sur les groupes en orientation dans un contexte carriérologique.

La littérature sur les groupes y consacrait à peine quelques pages par ci par là et de façon incomplète ou superficielle.

Pourtant, l'orientation et la carriérologie répondent à des problèmes et à des besoins de l'heure. Ces problèmes et ces besoins sont aggravés, amplifiés et généralisés du fait des récessions, des virages technologiques, du chômage conjoncturel, de l'épuisement professionnel, de la dégradation de l'aide sociale, de l'obsolescence de la main-d'œuvre, du vieillissement de la population, etc.

Par ce livre, nous désirons également mettre à jour, compléter et rendre cohérentes nos diverses publications sur ce sujet. Du même coup, nous espérons les rendre plus accessibles.

Nous avons décidé de promouvoir le terme carriérologie et ses dérivés parce que, même s'il est en voie de normalisation (Dodier, 1987), il inculque déjà une nouvelle vigueur à tout ce qui a trait à la dynamique individu-étude-travail, en particulier à l'orientation scolaire et professionnelle. Par exemple, dès maintenant il fait éclater les murs qui limitaient cette orientation à un lieu ou à un système donné. Enfin, l'orientation ne rime plus exclusivement avec le système scolaire!

7

Et parce que le terme carriérologie n'est pas encore norma-lisé, il nous arrivera, de façon bien consciente — et avec complicité —, de le confondre avec le terme orientation; plus précisément de confondre orientation avec carriérologie.

Car si on décrit la carriérologie comme étant la dynamique individu-étude-travail, on a alors du mal à préciser et à faire l'una-nimité sur ce que serait la spécificité de l'orientation scolaire et professionnelle (Roy, 1983; Dodier, 1987).

Personnellement, nous avons tendance à établir entre ces deux termes une adéquation presque parfaite quant à la spécificité du champ. D'ailleurs, c'est pour cette raison que tout au long de ce livre, il nous est aisé d'interchanger et de juxtaposer ces termes. En revanche, et encore une fois, nous avons la certitude qu'il est à propos d'introduire un nouveau terme, même si les réalités qu'ils décrivent sont à peu près les mêmes, du fait que la population et la clientèle se sont accoutumées à associer l'orientation à la structure scolaire formelle. Le terme *carriérologie* brise ce carcan et ce ghetto.

Par ailleurs, l'exemple qui suit est éclairant. En décidant de s'appeler thanatologue, l'embaumeur restait toujours un croque-mort. Mais sa nouvelle appellation faisait ressortir un ajout, ou plutôt un changement de cap: il passait du mort au vivant!

Ainsi, en plus d'être plus court et plus esthétique, l'adjectif «carriérologique», lorsqu'il est substitué aux qualificatifs «scolaire et professionnelle» pour caractériser l'orientation, met en évidence le *pourquoi* de cette orientation. Il précise que cette orientation se justifie et se situe dans un contexte de choix, de développement, de maintien, bref de gestion d'une carrière, laquelle prend racine dans la dynamique individu-étude-travail, alors que les qualificatifs actuels ne mettaient en évidence que le *quoi* de l'orientation et, à certains moments, que le *où* de l'orientation[1].

Enfin, pour faire ressortir le caractère plus existentiel de la carriérologie et de l'orientation, comme Vial (1987), nous n'hésite-rons pas à utiliser, lorsque nous le considérerons pertinent, les mots *vocation* et *vocationnel,* sans leur donner, bien sûr, une

---

1.  Orientation scolaire et professionnelle, pour la distinguer de l'orientation avec cartes et boussoles (orienting), de l'orientation sexuelle, etc. Par ailleurs, en France, l'expression «orientation scolaire» signifie l'orientation en milieu sco-laire et l'«orientation professionnelle» l'orientation auprès des travailleurs et des demandeurs d'emploi.

connotation militaire ou religieuse, mais sans pour autant les exclure.

Comme ce livre s'adresse aux lecteurs de la francophonie et qu'il a été rédigé par un Québécois (aux dires de quelques grands experts dans ce domaine, les Québécois sont actuellement les figures de proue en orientation), nous privilégions, avec plaisir et sans honte, les références en provenance de l'une ou l'autre de ces sources et, le cas échéant, les bonnes traductions.

# PREMIÈRE PARTIE
# L'orientation carriérologique

# I

# LA CARRIÉROLOGIE, L'ORIENTATION
# ET LA DYNAMIQUE INDIVIDU-ÉTUDE-TRAVAIL

## 1. *Un champ*

Parmi tous les champs de spécificité en sciences humaines, le propre, la raison d'être de la carriérologie, et en particulier de l'orientation, est la dynamique individu-étude-travail, dynamique constituée à la fois d'un champ de recherche, d'action — comme celle de s'orienter — ou d'intervention telle celle d'orienter (Roy, 1983; Dodier, 1987).

Individu, étude et travail: trois mots qui évoquent des fondements relevant de la psychologie, de l'économie, de la sociologie, de l'administration. «Interdisciplinaire, l'orientation l'est par nature, le praticien par expérience»[1] (maître Donnet, cité par Vial, 1987), qu'il s'agisse d'un praticien naturel (l'orientant) ou professionnel (l'orienteur).

Dans cette dynamique individu-étude-travail, le volet individu représente la personne et sa personnalité dans toute sa complexité. Quant au volet étude, il doit être compris dans un sens générique, c'est-à-dire comme regroupant toutes les façons formelles et informelles d'apprendre, de réfléchir et de découvrir. Ce

---

1. Comme conférencier, nous sommes souvent témoin de tels débats. Cela s'est reproduit encore en février 1988 lors du 50ᵉ anniversaire de l'ACOPAD de Marseille où nous étions invité à titre de conférencier.

volet va de la formation académique à l'autodidaxie en passant par les apprentissages sur le tas, ainsi que, bien sûr, par les loisirs scientifiques et culturels. «Les temps de formation sont trop importants pour être seulement ceux des formations instituées» (Pineau, 1987). C'est pourquoi, dans ce texte, nous utiliserons le terme *étude* au singulier afin de faire ressortir sa forme primaire et son sens initial.

Enfin, il en est ainsi pour le volet *travail* couvrant surtout l'emploi, mais aussi toute occupation et travail porteurs de revenu, de statut, de réalisation, de relations privilégiées, de gestion du temps et de l'espace. Nous y reviendrons plus loin. Et parce que ce type de travail se dégage et se découpe d'un tout, tout en influençant profondément ce même tout, il s'ensuit qu'aborder le travail implique aborder le non-travail, c'est-à-dire le chômage, les loisirs, les activités sociales, etc.

Nous persistons à dire que la dynamique individu-étude-travail gagne à être représentée par un triangle équilatéral dont chacun des angles représente l'un des volets de cette dynamique.

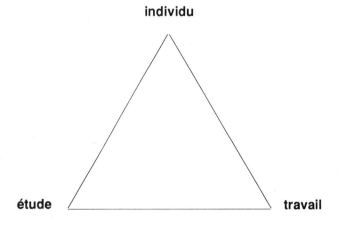

**Figure 1**: La dynamique individu-étude-travail représente le champ spécifique de la carriérologie et de l'orientation.

Pour qu'il y ait développement carriérologique et orientation, il faut qu'au moins deux de ces angles soient explicitement présents, dont nécessairement l'angle individu, car sans lui, il n'y a pas d'orientation. Ce fait explique pourquoi, par exemple, l'orientation bien comprise est nécessairement psychologisante. Quant au troisième angle, il doit être présent dans cet enjeu au moins de façon implicite.

Ainsi, un choix de cours peut apparaître limité aux angles individu et étude, mais ce choix de cours n'aura de sens et de valeur que s'il est fait en fonction du volet travail ou en réaction à lui, donc que s'il est fait dans une perspective carriérologique. Il en est de même pour une recherche d'emploi qui emprunte l'axe individu-travail, mais qui devra tôt ou tard considérer les études suivies, en cours ou à suivre.

Si l'angle individu est évident pour plusieurs — quoique nous y reviendrons plus loin —, la présence et l'interaction des angles étude et travail méritent qu'on s'y attarde dès maintenant.

Dans cette dynamique, étude et travail forment un heureux mariage imposé, comme il en existe dans l'Orient traditionnel.

*Imposé* parce que ces deux entités sont réunies de par une décision qui leur est extérieure, c'est-à-dire de par la volonté, d'abord de l'individu siégeant au haut de cette pyramide (triangle) et ensuite de par la société qui regroupe les individus. En Orient, on dit de ces mariages qu'ils sont arrangés.

*Heureux* parce que dans bien des mariages de ce type, n'ayant pas à vivre et à assumer les erreurs et le poids de ce choix, il semble, selon les études, plus facile aux conjoints de s'accommoder, d'apprécier et de tirer profit de leur union.

À vrai dire, ce couple bénéficie tantôt du caractère imposé, et tantôt du caractère heureux de cette situation.

«Heureux» mariage lorsqu'il y a harmonie, complémentarité et interpénétration des deux entités. Le rapprochement est alors facile parce que gratuit et nourrissant. Alors l'*étude* devient un tremplin vers un travail considéré comme idéal, ou elle rend celui-ci plus acceptable ou encore le complète — voire l'enrichit. Grâce à elle, les conditions de travail comme le salaire pourront être améliorés, ou une promotion deviendra davantage possible.

Si, en cette fin de siècle, l'expression «qui s'instruit s'enrichit» est devenue caduque, elle pourrait faire place — statistiques à l'appui — à une autre qui irait dans le sens de «qui s'instruit augmente sa chance de trouver du travail».

De son côté, le *travail* donne un sens et une direction à l'étude et sert de motivant pour l'étudiant. Il permet de mettre les apprentissages divers en perspective, assurant ainsi une temporalité saine et complète parce que faite autant de futur que de présent. Orienter, comme s'orienter, sont des actes visant à rétablir la temporalité future des personnes concernées. Vial (1987) met en évidence le fait que l'école doit aussi préparer à la vie hors métier.

Mais il y a des moments où le qualificatif «imposé» au sens de forcé prend la relève. Alors c'est le retrait, la bouderie, la chambre à part (qui, en passant, se fait sous un même toit).

Alors, comme nous le verrons plus en détail bientôt, l'*étude* sert de refuge à l'individu contre l'épuisement professionnel (burn-out) ou l'obsolescence carriérologique engendrés par le travail.

Elle compense aussi lorsque le travail manque au rendez-vous ou aliène l'individu. Évidemment, elle permet des sabbatiques de ressourcement et des reculs face au travail.

La distinction de l'étude et du travail permet un regard critique sur un système d'éducation fort à la mode de nos jours et qui est qualifié de «coopératif» alors qu'il est le plus souvent «consécutif»: étude-travail-étude-travail-etc. (L'expression européenne «éducation en alternance» est plus juste.) La vie de tous les jours montre que travailler ne signifie pas nécessairement apprendre. L'apprentissage a plus de chance de se faire si une réflexion — telle une supervision — accompagne ce travail. De tels reculs sont utiles en vue de se réapproprier son travail, ou encore en vue de réviser un choix d'orientation.

Lorsque le caractère *imposé* du mariage étude et travail émerge en sens inverse, le travail permet de décrocher de l'étude, et surtout des études, ou encore de faire une fugue socialement acceptable. Il permet fréquemment de prendre une distance bénéfique et mobilisatrice face à l'étude.

C'est pourquoi, dans la dynamique propre à la carriérologie, et en particulier à l'orientation, il importe de les expliciter, de leur donner leur identité propre — soit étude, soit travail — même si ces mots, et les concepts qu'ils sous-tendent, sont par essence complémentaires.

Insister pour les distancier, c'est reconnaître le caractère double (imposé et heureux) de cette union, c'est mettre en évidence la dialectique qui les anime et qui conduit l'individu et la société à faire constamment des synthèses fort variées de ces deux entités.

Dans bien des débats de l'heure, on cherche à trouver si c'est l'étude ou le travail qui est responsable des maux actuels:

chômage, analphabétisme fonctionnel, absentéisme, non-productivité, etc. Ainsi, le monde du travail reproche au monde de l'éducation de ne pas enseigner aux jeunes à écrire correctement. Dans un même souffle, celui-ci reproche à celui-là de dévaloriser l'effort académique, par exemple en promouvant des calculatrices qui exemptent du calcul mental. Les deux ont raison, les deux ont tort, puisque la cause comme la solution de ces maux résident non pas dans ces entités, mais dans leur synthèse et chez ceux qui la font, c'est-à-dire chez les individus en société.

La distinction entre l'étude et le travail prend encore plus d'importance en ces temps qualifiés de «société des loisirs», ce qui signifie pour de plus en plus de gens une société de l'étude, en d'autres mots une société de l'éducation permanente (Pineau, 1987). N'est-ce pas cette société des loisirs qui est à l'origine de l'éducation des adultes, des cours et universités populaires et de l'université du troisième âge?

L'être humain se distingue de tous les autres êtres vivants justement par le fait qu'il différencie l'étude du travail. Pour lui seul, l'étude peut alors être générale, spécialisée, polyvalente, bref différente et plus large que le travail. Chez tous les autres vivants, l'équation entre l'étude et le travail est parfaite et sans anicroche. Les plus beaux exemples de cela se trouvent chez les fourmis et les abeilles, deux espèces vivantes ayant des structures sociales et économiques aussi complexes que celles des humains, mais incapables de prendre du recul face à celles-ci. Elles n'ont plus qu'à apprendre sur le tas! Pour ces espèces, étude et travail ne font qu'un.

## 2. *Une interaction*

Cette dynamique s'insère dans un modèle beaucoup plus large, le modèle interactioniste individu-environnement représenté par le symbole $I \leftrightarrow E$.

Dans ce modèle, la dynamique d'orientation peut se résumer par la formule suivante:

$$I^\Delta \leftrightarrow E^{sp} \Rightarrow (C^\Delta < H^\Delta) \, S^\Delta$$

Ce qui signifie:

- un individu en développement ou $I^\Delta$,
- en interaction ou $\leftrightarrow$,
- avec l'environnement scolaire et professionnel ou $E^{sp}$,

- causant ou $\Rightarrow$,

- le développement carriérologique ou $C^\Delta$,

- lequel, même s'il n'est qu'une facette du développement humain, a cependant un impact sur tout le développement de cet individu ou $<H^\Delta$,

- et, par voie de conséquence, sur le développement social ou $S^\Delta$.

Cette formule fait ressortir deux considérations. Première-ment, l'interaction individu-environnement symbolisée par $I \leftrightarrow E$ est dynamique et continuelle. Aucun des pôles de cette interaction ne peut se définir sans l'autre ou en être dissocié de quelque façon. Dès 1965, Nuttin écrivait:

> Il serait inexact de considérer l'individu et l'environnement comme deux réalités existant d'abord comme telles, et entrant ensuite en relation l'une avec l'autre. L'individu n'existe fonctionnellement que dans un réseau actif d'interactions actuelles et potentielles avec un environnement qui, lui aussi, n'existe, au niveau psychologique, que grâce à cette activité[2] (1965, p. 211).

Deuxièmement, la fonction de cette interaction est double. D'abord, elle assure la survie des pôles impliqués, soit l'individu et l'environnement. Dans ce cas, le lien entre les pôles est de type existentiel. Sans aller jusqu'à imaginer l'arrêt total de l'interaction, Nuttin souligne que du point de vue psychologique (car c'est le point de vue qui retient notre attention aujourd'hui), une simple rupture de cette interaction nuirait sérieusement à l'équilibre psy-chique de l'individu.

Les besoins propres à ce type d'interaction sont des besoins générés par un manque et une recherche de stabilisation, ou d'homéostasie. La seconde fonction de cette interaction est le fonctionnement optimal des pôles. Nuttin précise:

> Ce dynamisme est conceptualisé comme prenant racine dans le fonctionnement même de l'être vivant, pour autant qu'il tende à se maintenir et à se déployer (fonctionnement optimal). C'est dans ce cadre que certaines relations comportementales sont «requises»

---

2. Afin de faciliter la compréhension du présent texte, nous avons, à l'exemple de Nuttin lui-même, remplacé les mots *personnalité* et *monde,* dans cette citation, par les mots *individu* et *environnement.*

(besoins) et que «individu et environnement» forment deux pôles d'une seule unité fonctionnelle (1980, p. 268).

Dans cette formule, le I représente l'individu et le delta symbolise bien sûr le développement.

Cet individu est en interaction constante avec l'environnement (E), en particulier avec les aspects scolaires (étude) et professionnels (travail) de cet environnement ($E^{sp}$). Une flèche à double sens représente l'interaction optimale. Il y a tension et risque de rupture lorsque l'individu donne plus à l'environnement qu'il n'en reçoit ou vice versa. De telles situations sont alors représentées ainsi dans l'ordre par: (I $\rightleftharpoons$ E) et par (I $\rightleftharpoons$ E)[3].

De nos jours, deux types de situations académiques et professionnelles démontrent bien ces tensions et ce risque de rupture. Il y a d'abord l'épuisement professionnel, cette sorte de dépression unidirectionnelle et exclusive aux dynamiques individu-étude et individu-travail. Le cas type est cette personne qui est en forme et fonctionne bien à peu près partout, sauf lorsqu'elle pense à son travail ou à ses études ou lorsqu'elle entre en contact avec eux. Elle peut bricoler, faire du sport toute une fin de semaine, danser des soirées entières, mais aussitôt qu'arrive le dimanche après-midi et qu'elle pense au boulot qu'elle doit reprendre le lendemain matin, elle a automatiquement des nausées, se sent étouffée et fatiguée, souffre d'insomnie, perd l'appétit, se sent traquée par le désespoir et l'impuissance, etc. Et tout redeviendra normal lorsqu'un nouveau congé ou une nouvelle fin de semaine pointera à l'horizon! On a beau, depuis quelque temps, écrire livres après livres sur ce sujet, nourrir notre complexe culturel en lui donnant un nom anglo-saxon et le stratifier pour diverses clientèles: professionnels d'aide, cadres et femmes (Pines, 1982; Languirand, 1987; Freudenberger, 1987), le phénomène est avant tout un déséquilibre de la dynamique individu-environnement, c'est-à-dire le reflet d'une interaction de type I $\rightleftharpoons$ E.

En effet, l'épuisement professionnel ou académique se retrouve chez les travailleurs comme chez les étudiants actifs, engagés, ambitieux, perfectionnistes, désireux de bien réussir, de changer les autres et leur environnement. La flèche qui va de I vers E est à sa pleine expansion. Mais l'environnement n'y répond guère ou pas assez, d'où une flèche de retour atrophiée. Alors

---

3. Antérieurement, nous avons utilisé les signes «et» pour décrire cette tension.

l'interaction est plus et trop coûteuse pour l'individu, d'où épuisement.

L'autre type de situations de déséquilibre dans cette inter-action, fréquente de nos jours, est l'obsolescence. Moins connue et n'attirant guère l'attention du grand public — peut-être parce qu'elle n'a pas encore fait l'objet d'un terme populaire «anglo-saxon» —, l'obsolescence touche à notre avis trois fois plus de gens (étudiants et travailleurs) de nos sociétés occidentales et industrielles. Les meilleurs indices d'obsolescence sont sans doute la routine, la morosité, la monotonie, l'exploitation maximale des pauses et des ponts-congés, l'absentéisme, bref le pôle à opposer à l'épuisement professionnel.

L'obsolescence attire moins l'attention, peut-être parce qu'elle est moins éclatante que l'épuisement et qu'à première vue, elle semble moins coûteuse pour la personne et l'État. Pourtant, quand vient une réforme, ou que s'impose l'urgence d'un virage, d'une modernisation, ou d'une nouvelle structuration, quand les exigen-ces de la compétition se font sentir, on découvre alors l'ampleur et la gravité de l'obsolescence carriérologique ainsi que son coût éco-nomique et social: aide sociale à des milliers de chômeurs non recyclables, préretraite à des ouvriers dans la cinquantaine, ferme-ture de régions, etc. Évidemment, les personnes concernées ne sont pas «touchées» ni épuisées par le travail. Elles n'ont simple-ment pas évolué avec leur environnement.

Elles sont comparables à ce matériel militaire coûteux, encore neuf, que l'on doit mettre à la ferraille régulièrement parce qu'il n'a pas évolué avec son temps ou qu'il est doublé par du nouveau matériel plus adéquat. Son environnement a changé mais puisqu'il n'était pas en interaction avec lui, ce matériel est devenu désuet. Celui qui a évolué avec son temps et son environnement, celui-là le remplacera. L'autre n'est qu'une concrétisation d'une interaction de type I ⇌ E.

En ce qui a trait à l'étude et au travail, bien des mécanismes initialement conçus pour assurer une saine interaction, comme la promotion des élèves par matière et la permanence d'emploi, ont souvent concouru malheureusement à rendre étudiants et travailleurs obsolètes. C'est pourquoi beaucoup de futurologues, tel Valaskakis (1988), suggèrent d'en faire un sérieux examen.

Si on revient à la formule à l'étude, cette interaction constante entre l'individu et l'environnement engendre, ou est susceptible d'engendrer, le développement carriérologique (C)[4] de l'individu en question. À son tour, ce développement a un impact sur tout le développement de cet humain (H). Enfin, lorsque plusieurs individus travaillent et s'acheminent vers une telle actualisation d'eux-mêmes, c'est la société tout entière qui en profite (S).

On a trop souvent interprété l'énoncé sociologique «le tout est plus grand que l'ensemble des parties» comme la négation du fait que le tout est au moins la somme des parties. Or, elle implique que ceci n'est qu'un minimum.

Cette formule reflète la dynamique de la carriérologie ou de l'orientation dans sa plénitude et à l'état absolu. Conséquemment, à chaque instant de sa vie, un individu est toujours à un degré moindre de cette dynamique absolue, de sorte qu'au quotidien, la formule devient:

$$(I - i) + e \leftrightarrow (E - e)^{sp} + i \Rightarrow (C^x < H^x)\ S^x,$$

le $i$ minuscule représentant les aspects de l'individu que celui-ci ignore, nie, refuse ou qui lui échappent. Cela peut être dû à des mécanismes de défense ou encore au fait que le temps et l'espace n'ont pas encore éveillé ces aspects. Par exemple, il est impossible pour une personne en santé de connaître ses réactions face à une maladie incurable aussi longtemps qu'elle n'a pas contracté cette maladie. Elle peut toujours utiliser — avec profit — des techniques comme l'imagerie mentale, mais cela ne donnera jamais la complexité et l'intensité de la situation en question.

Parce que l'individu ignore, nie ou refuse ces aspects de sa personnalité, ceux-ci, dans la formule comme dans la vie, lui sont soustraits.

En revanche, le temps, la vie et les efforts d'ouverture et de croissance de la personne lui ont permis de maîtriser des aspects de l'environnement, en particulier de l'environnement scolaire et professionnel. Par exemple, elle peut utiliser le système scolaire, connaître les conditions de réussite d'un examen ou être en mesure de rédiger un curriculum vitae, bref autant de connaissances et d'actions qui font qu'elle peut vraiment dire qu'elle maîtrise ces «parties» de l'environnement scolaire et professionnel. Conséquemment, ces parties sont représentées par un e minuscule et ajoutées à l'individu, d'où le segment $(I - i) + e$. Par déduction, et pour les mêmes raisons, le segment qui suit devient $(E - e) + i$.

---

4.  Dans nos textes précédents, un V (pour vocationnel) représentait ce résultat. Cette correction est justifiée dans la préface de ce volume-ci.

Quant au segment de droite de l'équation, afin de faire ressortir le point choisi dans le temps et l'espace, des x représentent les divers degrés de développement.

En d'autres mots, à tout moment donné de son orientation, un individu peut être représenté par la formule $(I - i) + e \leftrightarrow (E - e) + i \Rightarrow (Cx < H^x) S^x$. Ce qui, en résumé, signifie

- l'individu ayant des aspects de lui-même qui lui échappent pour diverses raisons: $(I - i)$,

- plus les aspects de son environnement qu'il a acquis et qu'il maîtrise: $+ e$,

- en interaction: $\leftrightarrow$,

- avec l'environnement, moins les aspects de cet environnement que l'individu a acquis et maîtrise: $(E - e)$,

- plus les aspects de lui-même qui échappent à cet individu: $+ i$,

- et ainsi de suite.

De telles formules peuvent irriter certains lecteurs et réveiller chez eux le complexe «des maths»[5], mais elles ont pour avantage de schématiser des situations complexes et de rendre leur compréhension plus accessible. N'est-ce pas le but des mathématiques? Plus loin, nous l'opérationaliserons avec des exemples concrets.

La seconde formule permet d'épouser totalement le schéma proposé par Ruesch et Bateson (1968) dans leur volume sur la communication; il est reproduit dans la figure 2.

Si, pour un instant, on fait abstraction des deux traits parallèles de cette figure, on y voit deux cercles avec une intersection commune. Celui de gauche représente l'individu ou le I; celui de droite, l'environnement ou le E; le centre, l'interaction ou le $\leftrightarrow$ à l'état absolu. En y ajoutant les deux traits, le moment, c'est-à-dire la réalité spatio-temporelle, ressort mieux. Maintenant, la partie située entre ces deux traits représente l'individu-en-interaction à un point x dans le temps et l'espace ou le segment $(I - i) + e$, et les parties à l'extérieur représentent l'environnement-en-interaction ou $(E - e) + i$ (Limoges, 1981).

---

5. Nous avons constaté cette réaction irrationnelle à quelques reprises, même chez des carriérologues expérimentés.

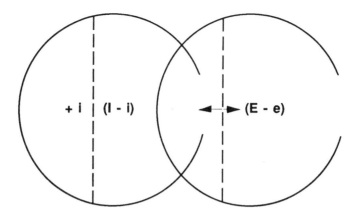

**Figure 2.** L'interaction individu-environnement.

Cette formule conduit à des considérations méthodologiques importantes. À toute fin pratique, pour l'individu et l'intervenant, tout ce qui se trouve à l'extérieur des traits, soit le $(E - e) + i$ devient l'objet du développement, de l'apprentissage ou tout simplement de l'interaction de l'individu. Ceci revient à dire, selon Nuttin, qu'il s'agit du contenu: «Le rôle essentiel et actif de l'environnement dans ce processus apparaît clairement lorsque nous réalisons qu'il constitue le *contenu* même du processus» (1965, p. 208).

Par rapport à la dynamique individu-étude-travail, les chapitres qui suivent s'attarderont à définir l'orientation carriérologique aux divers moments de la vie ainsi qu'à opérationaliser ces considérations méthodologiques.

Mais pour l'instant, attardons-nous à définir le processus développemental relié à cette dynamique.

## 3. *Un développement*

Parler de la carriérologie et de l'orientation en mettant l'accent tantôt sur l'état absolu et tantôt sur l'état situationnel de cette interaction, c'est du même coup y introduire une dimension développementale, ce qui revient à dire que l'actualisation de la dynamique individu-étude-travail se fait par des stades, lesquels dédoublent et raffinent le développement organique: naissance, croissance, reproduction, déclin. Super (cf. Bujold, 1988) et plus récemment

Riverin-Simard (1985) ont identifié ces stades carriérologiques en précisant les tâches inhérentes à chacun d'entre eux. Ils ont fait ressortir le fait que chaque stade implique une période d'adaptation et de stabilité intra-stade ainsi qu'éventuellement, un temps de transition précédant et succédant à la période d'accalmie.

En cela, ils rejoignent tout le courant cognitivo-développemental dont Piaget est le précurseur (Limoges, 1988). Cette dimension développementale ajoute une perspective temporelle au triangle décrit plus haut. À un stade donné, ce sera davantage l'axe individu-étude qui sera pertinent. À un autre moment, cet axe-ci n'aura aucune utilité ni aucun sens sans une référence systématique à l'axe étude-travail, et ainsi de suite.

## 4. *La portée de ce champ*

### a) *Les retombées du travail*

Nous n'élaborerons guère cette section puisqu'elle a fait l'objet d'un livre récent (Limoges, 1987). Cependant, afin d'évaluer la portée du champ représenté par la dynamique individu-étude-travail, il faut tout au moins préciser que de nombreuses recherches, dont celles de Sivadon (1983) et de Plamondon (1984) mettent en évidence que le travail, et dans une large mesure l'étude (surtout lorsque le mot est pluriel, l'étude est souvent calquée dans son opérationalisation sur le travail) sont les seules activités humaines capables d'assurer chacune et toutes des cinq retombées suivantes avec autant d'insistance et de constance:

— un revenu[6],

— des réalisations,

— des relations interpersonnelles,

— une gestion du temps et de l'espace,

— un statut.

Paradoxalement, ce sont surtout les recherches sur la société des loisirs et sur les chômeurs de longue durée qui ont mis en évidence ces retombées du travail au plan psychologique. L'ab-

---

6. Pour ce qui est de l'étude, cette retombée doit, pour un temps, être sublimée, par exemple via une réussite d'examen ou l'obtention d'un diplôme. Par ailleurs, éventuellement, les chances sont grandes qu'il y ait un impact certain et positif sur le revenu.

sence du travail et sa négation ne font que mettre en évidence le caractère vital de ces retombées (Sivadon, 1983; Limoges, 1987).

C'est pourquoi tout engagement réel ou éventuel dans un travail doit être évalué *objectivement* en fonction de ces retombées. Ensuite, cette évaluation doit être mise en parallèle avec un positionnement *subjectif* et idéalisé de la personne face à ces mêmes retombées. Plus il y a concordance entre ces deux bilans, plus l'interaction individu-environnement scolaire et professionnel sera de qualité et source d'actualisation, tant pour l'individu que pour la société (cf. (C < H ) S).

En revanche, si cette concordance du subjectif avec l'objectif révèle des manques ou des abus dans le travail, l'étude ainsi que les activités non carriérologiques pourront être perçues et choisies de façon à combler ces manques et à réduire ces abus. Alors la personne évitera que son temps libre devienne un «temps qui s'écoule dans la passivité, qui se perd dans l'inexistence, du temps lourd chargé d'ennui, du temps à tuer» (Grossin, 1974, p. 381).

Cette personne évitera aussi que son travail mène à l'épuisement professionnel parce qu'elle saura tirer tout ce qui est possible, et seulement ce qui est possible, de son travail.

## b) *Le rôle clé*

Dans le triptyque individu-étude-travail, le travail (et par extension l'étude) prend toute son importance du fait qu'il exige et permet de développer le rôle humain le plus significatif et le plus marquant — c'est-à-dire le rôle de travailleur — au point où des auteurs comme Vaillant (1977) en font le rôle clé pour la majorité des gens de nos sociétés. En effet, ce rôle sert de référence et d'étalon à tous les autres. Quand le rôle de travailleur est bien joué et bien intégré, il y a plus de chances que ce travailleur articule et réussisse mieux ses autres rôles: rôle de conjoint, de parent, de citoyen, de consommateur, etc. Et en dépit de l'étonnement de plusieurs, ce constat reste valable que l'emploi pratiqué par la personne soit prestigieux ou humble (Terkel, 1974).

D'ailleurs, la question de rôles reliés au travail est devenue l'enjeu de bien des problèmes psycho-sociaux spécifiques à cette fin de siècle.

Ainsi, l'émancipation des femmes a amené plusieurs d'entre elles à assumer, bon gré mal gré, une multitude de rôles tous aussi importants, jusqu'alors partagés entre l'homme et la femme. Ajoutée à un sens aigu des responsabilités (Gilligan, 1986), cette situation fait que bien des femmes ne choisissent pas — ou choisissent tout — ce qui fait que, à moins d'être bioniques, elles aboutissent fréquemment à la dépression et à l'épuisement professionnel (Freudenberger, 1987). Ne pas choisir signifie vouloir éviter d'être blâmé pour ses mauvais choix ou avoir à réviser un choix. En ce sens, les auteurs tragiques diraient que c'est une attitude inspirée du désir profond d'être omniprésent et omnipuissant, ce que la tradition appelle le péché de Lucifer ou d'orgueil. Accepter de choisir signifie accepter d'être humble et vulnérable, d'être «limité» dans le temps et dans l'espace. Lorsqu'on refuse de choisir, espérant ainsi tout avoir, cela mène à l'épuisement et même à la frigidité. Pour qu'il y ait orgasme, il faut choisir. C'est pourquoi la réaction non-choix est foncièrement féminine.

En face, poussés par des archétypes mâles qui se perpétuent depuis des siècles (père pourvoyeur, homme rationnel, sexe fort, etc.), les hommes agissent aux antipodes: si l'éjaculation précoce est aux hommes ce que la frigidité est aux femmes, les choix prématurés et unidirectionnels sont aux premiers ce que les non-choix sont aux secondes. Ainsi, les hommes ont tendance à tout miser sur la carrière et deviennent aisément des carriéristes[7] au détriment de leur vie sociale, familiale, conjugale. Une fois séparés ou divorcés, ils auront tendance à abandonner leur progéniture à celle qui l'a conçue ou à s'en servir comme d'un simple élément de négociation d'une pension alimentaire ou comme d'un abri fiscal.

Que de gâchis, pour l'homme comme pour la femme, lorsque le rôle de travailleur n'est pas bien positionné en tant que tel et par rapport aux autres rôles. Tel est l'un des défis majeurs pour les carriérologues actuels.

Par ailleurs, comme éducateur, nous observons, depuis quelques années, que les étudiants quittent l'école, surtout les collèges, lycées et universités, sans avoir situé leur rôle parental ni s'être situés face à ce rôle. Filles et garçons ont consacré toute leur énergie et leur réflexion à leur carrière, c'est-à-dire uniquement au choix et au développement de leur rôle relié au travail. Ils sont déjà des carriéristes en herbe. Alors certains d'entre eux et d'entre elles risquent de passer complètement à côté de toutes les questions et fonctions parentales. Faut-il alors se surprendre de la dénatalité qui

---

7. Pris dans le sens d'obsédé de la carrière au point de tout y consacrer.

marque les sociétés industrialisées? Ou si, pour une partie d'entre eux et elles, souvent par hasard ou par accident, l'amour ou la nature parviennent à leur remémorer ce rôle parental fondamentalement humain, il y a des risques que les femmes et les hommes visés n'abordent cette parentalité qu'à la sauvette, modalité faisant davantage ressortir à long terme les aspects pénibles et onéreux de ce rôle. Alors, cette décision ponctuelle et ses conséquences peuvent mener à la rupture du couple, à l'abandon légal et affectif des enfants, à la violence conjugale et familiale, etc.

Quant à la dernière partie d'entre eux et elles, n'ayant pas eu raison de cet amour et de ce besoin biologique naturel, ils et elles feront la file aux cliniques de fertilité afin de corriger après coup un oubli dans la programmation de leur vie. Enquêtes et témoignages font de plus en plus ressortir le caractère pénible et coûteux de cette solution de dernière minute... surtout lorsque les personnes impliquées prennent conscience que leur état de fait n'est pas dû à une nature déficiente, mais plutôt à un manque de vision et d'écoute d'eux-mêmes.

Il faut admettre qu'en voulant corriger une lacune socio-historique, en voulant assurer à tous et à toutes l'autonomie à plusieurs niveaux, bref en voulant faire un virage nécessaire, on est entré dans une avenue qui n'est pas celle souhaitée ni imaginée.

Sans nier la pertinence du problème visé ni la qualité des efforts déployés pour y remédier, il y a lieu d'une part de re-sexuer l'orientation, mais de la bonne façon. Von Franz (1981) et Irigary (1984) montrent bien qu'au-delà de l'égalité, il y a la complémentarité. Les problèmes d'orientation — surtout en ce qui a trait aux rôles — sont fort différents d'un sexe à l'autre, d'abord au sens génétique du terme, mais surtout au sens psycho-philosophique de ce terme. Nous avons déjà démontré (Limoges, 1984) que les demandeurs d'emplois se regroupent en deux grandes catégories, c'est-à-dire ceux dont les attitudes et les comportements visent surtout à pénétrer leur environnement (affirmation, imposition, confrontation, victoire contre les obstacles, etc.) et ceux dont les attitudes et les comportements cherchent surtout à saisir, à accepter, à recevoir et à subjuguer ces mêmes obstacles.

Nous avons décrit les premiers comme étant guidés par un principe masculin et les seconds par un principe féminin. Tout positionnement par rapport à la dynamique individu-étude-travail sera réussi et profitable pour un individu à la condition qu'il s'inspire de son principe dominant et le respecte.

27

Il y a lieu également d'inclure dans toute démarche d'orientation — surtout si on la veut préventive — une réflexion et un positionnement par rapport aux principaux rôles humains, en particulier par rapport aux rôles de parents et de travailleurs. L'arc-en-ciel proposé par Super (cf. Bujold, 1988) peut servir adéquatement et agréablement à cette fin. Il permet de visualiser, dans le temps et dans l'espace, la longueur et le poids des divers rôles, mettant ainsi en évidence les divers points de tension entre ces rôles.

## c) *Un sens à la vie*

La portée de cette dynamique, en particulier à cause de son angle travail, se mesure du fait qu'elle donne le mieux, pour la plupart des gens des sociétés modernes, un sens à cette vie.

Elle permet de concrétiser le besoin fondamental de dépassement qui caractérise la version humaine du besoin biologique de croissance. Encore une fois, parmi tous les êtres vivants, l'être humain est le seul qui veut aller au-delà des besoins de survie. L'être humain est par nature un être producteur. Pour qu'un animal ait de pareilles attitudes, il doit être «domestiqué», c'est-à-dire rendu un peu semblable à l'homme. Devant ce principe biologique, devant son tranfert au plan psychologique, devant l'accumulation de preuves démontrant que le travail fait la santé, Vial constate que l'idéologie actuelle, confrontée par les faits socio-politico-économiques, «tend à gommer la servitude biblique du devoir de travailler pour lui substituer, impératif antagoniste, le droit au travail. La théorie — pourtant renouvelée — de la pesanteur du travail est elle-même provisoirement mise en sommeil (1987, p. 65).»

Faire en sorte que le plus possible, le travail rejoigne le principe vital de croissance plutôt que le principe de mort, tel est l'enjeu de toute démarche carriérologique (Limoges, 1987). Alors le travail ainsi que l'étude deviendront un besoin fécond, stimulateur de projets, donc de motivation et de temporalité (Nuttin, 1980; Lemaire, 1988).

Que l'on regarde la dynamique individu-étude-travail en termes de champ propre ou d'interaction, de développement ou de rôle clé, ou encore en vue d'évaluer sa portée dans l'expérience humaine, il ressort toujours que cette dynamique, par rapport à une personne donnée, à un moment précis, fut, est et sera une réalité foncièrement interpersonnelle.

# II

# LES OCCASIONS D'ORIENTATION CARRIÉROLOGIQUE

Nous venons d'écrire qu'orienter réfère à des interventions reliées à la dynamique individu-étude-travail. Dans la mesure où ces trois volets sont maintenus en interaction et stimulés, dans la même mesure il y a orientation scolaire et professionnelle ou carriérologie.

Maintenir et stimuler la dynamique individu-étude-travail implique de fréquents positionnements et de nombreuses décisions. Évidemment, une personne peut maintenir et stimuler cette dynamique par elle-même. On parle alors de «s'orienter». Par contre, cette personne peut demander à un professionnel de l'aider dans cette démarche, c'est-à-dire de «l'orienter». Ce professionnel fait alors de l'«orientation».

Pour une personne donnée, la dynamique individu-étude-travail persiste toute sa vie durant. Elle a donc à s'orienter tout au long de son existence et, partant, l'orientation (acte professionnel) peut se faire tout au long de la vie d'une personne[1].

Le long de ce parcours, et par rapport à la dynamique individu-étude-travail, on peut identifier six grands types de positionnements ou de décisions pouvant se répéter plusieurs fois au cours de la vie et dans un ordre souvent imprévisible. Afin de faire

---

1. Ce texte s'inspire d'un article publié par le *Bulletin de l'AIOSP*, 1987-88, et il le complète.

ressortir le caractère imprévisible — réel ou perçu — de ces types de positionnements/décisions, nous utiliserons le mot *occasions* pour les décrire. Ces six types d'occasions sont donc:

- prendre une décision reliée à la dynamique individu-étude-travail;
- réaliser une décision prise au sujet de cette dynamique;
- maintenir une décision en lien avec cette dynamique;
- réviser cette décision reliée à cette dynamique;
- faire une nouvelle décision en lien avec cette dynamique;
- dénouer de telles décisions reliées à la dynamique individu-étude-travail.

Or, chacun de ces six types d'occasions, même s'ils ont tous en commun la dynamique individu-étude-travail, nécessite une démarche particulière, des phases spécifiques et conséquemment, s'il y a lieu ou demande en ce sens, une intervention appropriée.

Dans la section qui suit, après avoir défini chacun de ces types d'occasions, nous préciserons les phases à compléter pour y répondre. Par la suite, nous indiquerons des jalons et des moyens d'intervention et pour finir, nous préciserons un prototype d'intervention déjà connu et le cadre théorique qui le sous-tend.

## 1. *Les types d'occasions d'orienter*

### *Occasions de type I*

Prendre une décision reliée à la dynamique individu-étude-travail.

### Définition

Une décision reliée à la dynamique individu-étude-travail peut prendre la forme d'une poursuite d'études, d'une recherche d'emploi, du choix d'un programme de perfectionnement, etc. Depuis toujours, les carriérologues et les professionnels de l'orientation se sont attardés à ce type d'occasions et ont développé à cette fin une expertise reconnue. Cependant, voici un cas concret où, parce que ces professionnels sont experts de la prise de décision, il y a danger de concevoir tous les besoins et toutes les occasions d'orientation comme des moments où il y a une prise de décision à faire. À vrai dire, cela n'est pas tout à fait faux puisque tout agir est une décision. Mais ces besoins et ces occasions nécessitent plus que cela.

## Phases techniques de l'entonnoir

Les auteurs sont unanimes à dire que toute prise de décision implique une démarche symbolisée par un entonnoir.

1. D'abord, il s'agit *d'explorer* toutes les avenues possibles. (Lorsqu'il y a plus de deux options possibles, on parle d'un processus de choix, mais la démarche est à peu près identique.) À cette phase-ci en orientation, les intérêts surtout, ainsi que les aptitudes, jouent un rôle dominant. C'est la partie la plus large de l'entonnoir.

2. Ensuite, particulièrement lorsque les options envisagées sont nombreuses, afin d'une part d'éviter d'en perdre et d'autre part de faciliter leur manipulation, il y a lieu de regrouper ces options en catégories. Les intérêts et particulièrement les aptitudes serviront de guides dans cette tâche de *cristallisation*. C'est le premier rétrécissement de l'entonnoir.

3. Par la suite, en faisant appel aux valeurs de la personne, ces catégories sont hiérarchisées, c'est-à-dire *spécifiées*. On est alors à la base du cône de l'entonnoir (Perron, 1981; Paquette, 1982).

4. Enfin, par des raffinements successifs de cette hiérarchie, un choix unique ou prioritaire apparaîtra et un plan d'action pourra alors être pensé pour *réaliser* ce choix ou cette décision.

### Jalons et moyens d'intervention

Aussi élémentaire que cela puisse paraître, il s'agit d'abord d'aider la personne vivant cette occasion à bien effectuer les tâches propres à chacune des phases, c'est-à-dire:

a) Faire faire une exploration exhaustive des options.

b) Aider à cristalliser de façon parfaitement inclusive et suffisamment simple pour faciliter le traitement des données dégagées à la première phase.

c) Faire émerger les valeurs permettant une hiérarchisation bien pointue et à plusieurs étages. Comme toute décision impliquant des personnes humaines, les décisions d'orientation sont nécessairement des actes moraux. Kohlberg et son équipe (1981) ont fait ressortir que ces décisions morales se font par une structure développementale propre (cf. Limoges, 1988). Pour orienter et s'orienter adéquatement, et surtout pour mieux comprendre les critères émergeant dans une prise de décision carriérologique, il importe de connaître et de faire connaître cette structure du jugement moral.

d) Aider à l'élaboration d'un plan d'action réaliste pour cette personne, par rapport à la situation, tout en tirant le maximum du choix établi à la troisième phase.

En second lieu, l'intervenant doit fournir, par une interaction constante, le support cognitivo-émotif nécessaire à la personne pour bien profiter de cette occasion. Enfin, en vue d'assurer la faisabilité de la décision qui sera prise, il doit, de façon aidante, refléter la réalité socio-politico-économique de la personne.

## Prototype

Activation du développement vocationnel et personnel (ADVP) telle que présentée dans Pelletier, Noiseux, Bujold (1972) et dans Pelletier et Bujold (1984).

## Cadre théorique

Counseling d'orientation à proprement parler.

## Occasions de type II

Réaliser une décision prise au sujet de la dynamique individu-étude-travail.

## Définition

Entre décider et réaliser une décision, il y a toute une marge, remplie d'épreuves et d'imprévisibles qui font que bien des décisions prises avec toute la rigueur énoncée antérieurement ne se réaliseront jamais. Paradoxalement, de telles occasions d'orientation furent longtemps négligées — et le sont encore — par les carriérologues. Pourtant, elles sont de l'ordre du service après vente. Et lorsqu'elles sont abordées, elles sont souvent traitées comme étant des occasions de type I, c'est-à-dire des décisions à prendre.

Or, si on y regarde de plus près, lorsqu'on compare ces deux types d'occasions, on découvre que le type d'occasions II est en fait un gros plan de la dernière phase énoncée dans les occasions de type I, c'est-à-dire que par rapport à la prise de décision, les occasions de type II n'abordent que la quatrième phase afin de lui donner toute sa spatio-temporalité. C'est pourquoi, d'ailleurs, ces deux premiers types d'occasions sont souvent continus et complémentaires. En revanche, les confondre amène à considérer les techniques et les phases de prise de décision comme des panacées. Et c'est le client qui est perdant. On lui a donné un peu de tout alors qu'il n'avait un urgent besoin que d'un aspect particulier et de façon bien concentrée. Ceci est aussi aberrant que de démonter une voiture alors qu'on n'a qu'à changer le filtre à huile: ce qui importe ici, c'est de voir les pièces en interaction!

## Phases

Réaliser une décision revient à dire s'insérer dans un milieu d'orientation donné, que ce soit un milieu d'étude ou un milieu de travail ou encore — possiblement en réaction à ceux-ci — dans un milieu extra-étude et/ou extra-travail. Quoi qu'il en soit, toute insertion comprend quatre dimensions représentant le passé, le présent, le futur — donc la temporalité — ainsi que l'espace. Comme ces dimensions doivent être introduites progressivement et dans un ordre donné (Limoges, 1987), elles constituent en quelque sorte les phases de réalisation d'une décision.

1. La première phase porte sur l'environnement socio-politico-économique, c'est-à-dire sur *l'espace,* au moment où s'amorce la réalisation en question. À cette phase, la personne concernée doit comprendre et interagir suffisamment avec cet environnement, de façon à déclencher une dissonance cognitivo-affective.

2. Sous l'effet de cette dissonance, la personne pourra alors aborder «son» soi, non pas dans le but de le connaître en

33

détail, car cela a été fait à une autre occasion (de type I), mais dans le but de saisir sa globalité, et surtout son évolution. C'est pourquoi, alors que dans les occasions de type I le soi faisait l'objet d'analyses méticuleuses via les intérêts, les aptitudes, les valeurs, les expériences, ici ce soi est perçu comme un tout, un potentiel à cerner et à mettre en marché en vue de le *réaliser*. On remarquera que cette phase explore au maximum les acquis, donc le *passé* de la personne.

3. Dans la phase qui suit, la personne doit préciser un lieu pour actualiser son potentiel. De toute évidence, ce lieu doit être sélectionné en respectant optimalement le potentiel du soi et de l'environnement socio-politico-économique. Par rapport à la temporalité, cette troisième phase met l'accent sur les projets, donc sur le *futur* de la personne.

4. La quatrième phase porte sur l'identification d'une méthode de réalisation de la décision qui s'harmonise avec le lieu, le soi et l'environnement, donc qui intègre les phases antérieures. Il s'agit ici d'action, donc d'actes qui doivent se faire maintenant et au *présent*.

5. Alors cette personne sera en mesure d'affronter l'environnement socio-politico-économique et de s'y intégrer, celui-là même qui, en première phase, a déclenché la démarche. Mais alors que là la personne réagissait à cet environnement, ici elle agit sur lui.

## Jalons et moyens d'intervention

Aux deux premières phases, sous la pression de l'environnement, il est à propos d'aider la personne à saisir ses mouvements existentiels (s'il n'y avait pas de risque de choquer certains lecteurs, on pourrait ici parler de mission, de vocation, de karma), à percevoir l'ensemble de son potentiel à explorer et à exploiter.

Aux autres phases, il s'agit d'aider la personne à identifier le lieu et la méthode de réalisation où, comme un financier averti, cette personne pourra placer son potentiel afin de le faire fructifier. La première condition pour que cette opération soit réussie, c'est de s'assurer que le lieu et la méthode retenus s'ajustent bien au soi (2e phase) et à l'environnement (1re phase). Quant à la deuxième condition de réussite, elle consiste à voir si ce lieu et cette méthode ont été identifiés avec créativité, c'est-à-dire en optimalisant les comportements de fluidité et de flexibilité (Pelletier, 1984). Du même coup, elle comprend les règles du jeu de cet environnement et les joue afin de réaliser sa décision (c'est-à-dire la 5e phase).

## Prototype

La stratégie du *trèfle chanceux* de l'insertion professionnelle (Limoges, 1987).

## Cadre théorique

Le counseling d'emploi et de placement.

## Occasions de type III

Maintenir une décision reliée à la dynamique individu-étude-travail.

## Définition

Prendre des décisions et les réaliser sont des occasions mobilisantes. Elles impliquent par exemple un examen de soi, l'exploration de l'environnement, bref des démarches intenses, rapides et soutenues.

Mais une fois ces décisions réalisées, il s'agit de les maintenir. Quand le profil d'étude choisi s'étend sur cinq ans, quand un plan de carrière signifie plusieurs dizaines d'années à travailler au même endroit, avec les mêmes gens, à faire à peu près les mêmes choses, cela est ou peut paraître long, monotone et sans attrait. Pourtant, il s'agit là d'occasions importantes de s'orienter. Néanmoins, peu de gens sont aidés par des carriérologues et des professionnels d'orientation dans de telles occasions. Au contraire, par déformation professionnelle et en réponse aux besoins organisationnels, ces intervenants mettent plus souvent l'accent sur la verticalité des carrières, c'est-à-dire sur les promotions. De ce fait, et secondés par une mentalité administrative complice, ils inculquent à des milliers de travailleurs «l'enclosalgie», terme inspiré du conte *La Chèvre de monsieur Séguin* de Daudet. Cette chèvre était tellement obsédée par l'autre côté de l'enclos, l'inconnu et les grands espaces, qu'elle en vint à ne plus voir — et surtout à ne plus goûter (brouter) — son propre pâturage. Monsieur Séguin n'a pu la retenir, comme aujourd'hui les carriérologues ne peuvent empêcher des travailleurs de chercher des promotions. Au contraire, projets professionnels et plans de carrière impliquent que ces promotions sont des voies normales d'actualisation de la dynamique individu-étude-travail. Mais comme ces sommets ne sont réservés qu'à quelques-uns, que faire des autres qui restent sur le terrain, et surtout que faire de ceux qu'une procédure de promotion a éliminés? Que faire avec les travailleurs souffrant d'enclosalgie?

Dans de telles occasions, il importe d'introduire — curativement et de préférence préventivement — une dimension plus spatiale aux notions temporelles de projet et de plan de carrière. Une spatialité, un ici et maintenant, qui met un frein à cette fuite insensée vers l'avant, une spatialité qui mise sur une qualité de vie scolaire et professionnelle et sur une maîtrise vivante et créative de ses fonctions actuelles. Ce que Pinchot III (1985) appelle l'esprit intrapreneurial. Finalement, une spatialité qui saura exploiter tous les espaces, tant carriérologiques qu'extra-carriérologiques, sinon les conditions de maintien se détérioreront. Ainsi, comme nous l'avons écrit plus haut, pour certains elles dégénéreront en routine, en laisser-aller, en démobilisation, en désuétude, en d'autres mots en «obsolescence carriérologique». Il arrive que cette dégradation soit tellement avancée que la décision initiale est remise en question par le milieu même. Alors c'est la mise à pied lors d'une modernisation de l'usine, c'est l'imposition d'une retraite prématurée, ou tout simplement le décrochage de la part des personnes concernées, etc.

Pour d'autres, la qualité du maintien est menacée par des excès où les personnes en question donnent plus qu'elles ne reçoivent de leur milieu. Tôt ou tard, elles présentent des signes d'épuisement professionnel, autrement dit de «brûlure interne» (cf. chapitre I).

C'est pourquoi maintenir un choix de façon adéquate consiste à assurer une interaction constante, saine et équilibrée entre l'individu et l'environnement dans lequel se réalise la décision. Grâce à cette interaction, les deux parties assument leur juste part des gains et des pertes, sans abuser l'autre partie. C'est l'optimalisation de l'interaction I ↔ E.

## Phases

Sommairement, maintenir une décision implique de faire fréquemment *le point*, c'est-à-dire:

1. de faire une *rétrospective* de ce qui a été réalisé jusqu'à ce jour par rapport à la décision initiale;

2. de faire ensuite une *prospective* de la décision en question afin de lui donner d'une part tout son sens initial et d'autre part son pouvoir mobilisateur;

3. enfin, d'établir la différence entre la prospective et la rétrospective et d'ajuster le plan de *maintien/action* en conséquence.

## Jalons et moyens d'intervention

D'abord aider la personne à sentir et à soupeser sa dynamique avec l'environnement. Est-elle en dessous, voire écrasée, par l'environnement? Est-elle, au contraire, au-dessus de celui-ci, créant ainsi un vide en elle? Qu'est-ce qui est nécessaire pour rétablir une dynamique harmonieuse avec l'environnement?

Faire faire également un bilan de style comptable. Par exemple, sur une feuille, mettre d'un côté les aspects positifs de la décision actuelle et de l'autre, les aspects négatifs. En voyant les totaux, les conclusions vont de soi. Il y a également l'exercice de la ligne de vie, c'est-à-dire dessiner un trait partant du centre gauche d'une feuille et oscillant vers le haut ou vers le bas pour refléter la satisfaction et les déceptions vécues depuis la prise de décision. La personne est ensuite invitée à commenter et à ressentir cette ligne et ses fluctuations...

Pour aborder la prospective, rien de mieux que d'amener la personne à contacter sa spontanéité et ses motivations profondes. L'imagerie mentale, les fantaisies, les créations artistiques projectives facilitent l'atteinte d'un tel objectif. À titre d'exemple, une rencontre en fantaisie d'un vieux sage ira chercher les motivations essentielles ou la visualisation d'un lieu et de conditions idéales de travail, mettre en évidence l'importance pour la personne de chacune des retombées du travail, à savoir le salaire, les réalisations, le statut, les relations interpersonnelles, la gestion du temps et de l'espace (Limoges, 1987). Il sera alors aisé de comparer cet idéal avec la réalité actuelle et ainsi d'identifier ce qui est à faire ou à changer pour s'approcher un peu plus de cet idéal. Du même coup, la troisième phase du processus de maintien est amorcée.

Ainsi, il suffira de la compléter avec un plan d'action concret, étalant les jalons à suivre et bordé d'alarmes afin que la personne ne retombe pas dans l'impasse qui a justifié sa consultation. Ces alarmes, comme celles qu'on trouve sur certaines autos, doivent aussi bien détecter les assoupissements qui mèneraient à l'obsolescence que les températures excessives (comme les détecteurs de fumée) qui conduiraient à l'épuisement professionnel. On peut penser ici à l'acquisition et/ou à l'enseignement de techniques de concentration ou de relaxation ou encore d'une bonne méthode de travail. Bref, pour maintenir une décision, il importe de *faire le point* régulièrement pour voir où on va, comment on y va et dans quelle mesure ces données correspondent à nos décisions.

## Prototype

Le modèle interactionniste appliqué à l'orientation (Limoges, 1981, 1987).

## Cadre théorique

Counseling d'adaptation.

# Occasions de type IV

Réviser une décision reliée à la dynamique individu-étude-travail.

## Définition

Il arrive qu'une personne, pour diverses raisons, se mette à douter de la décision prise. Ce doute est souvent porteur d'inquiétudes et d'insatisfactions: crainte d'échouer, déception par rapport à un programme de formation, rendement inférieur à celui prédit, etc.

Beaucoup de demandes d'aide en orientation arrivent à de telles occasions.

38

## Phases

De toute évidence, il s'agit ici d'une démarche corrective, c'est-à-dire curative. Deux phases résument cette démarche.

1. *Examiner* (diagnostiquer) comment fut prise ladite décision. S'il s'avère qu'elle fut bien faite, alors traiter la demande comme une occasion de type III. Dans le cas contraire, passer à la deuxième phase ci-dessous.

2. *Reprendre* la démarche de prise de décision à partir de la faille identifiée à la première étape. Pour ce faire, référer aux phases et jalons d'intervention pertinents énumérés pour les occasions de type I.

### Jalons et moyens d'intervention

Aider la personne à revivre la façon dont elle a pris cette décision. Il s'agit ici, tout comme un médecin qui analyse l'urine du patient pour découvrir les malfonctionnements de son organisme, d'analyser le produit de la prise de décision. Cela revient à dire faire un processus d'ADVP inversé. Lorsqu'on constate une «réalisation» médiocre ou insatisfaisante pour le client, il s'agit d'examiner comment fut faite la spécification de cette décision. Si la faille apparaît, il n'y a plus lieu de remonter plus loin et il s'agit simplement de reprendre la phase de spécification.

Dans le cas contraire, il faut ensuite revoir la phase de cristallisation et, si nécessaire, la phase d'exploration. Dès que la faille est pointée, dès que la source du mal est identifiée, reprendre correctement le processus de prise de décision à partir de ce point.

On peut aussi réaliser ce diagnostic en utilisant l'**inventaire d'intérêts, d'aspirations et de situations scolaires** (IAS) de Blanchet (1984) ou encore simuler sous observation une prise de décision (ex.: une mise en situation qui consiste à trouver le voleur d'un bijou avec au départ trois indices seulement). Cette simulation permettra de voir comment explore, cristallise et spécifie cette personne. Ses erreurs les plus flagrantes apparaîtront et tout porte à croire que lors d'une prise de décision reliée aux études et/ou au travail, cette même personne fera les mêmes erreurs.

Par la suite, s'il s'agit vraiment d'une révision d'une décision, donc d'une occasion de type IV, se référer aux phases appropriées de la prise de décision telles que décrites dans le type I.

## Prototype

À notre connaissance, il n'existe rien de spécifique là-dessus en orientation. Par contre, les travaux de Goulding (1972) sur la «redécision» peuvent être ici d'une grande utilité.

## Cadre théorique

Counseling de réhabilitation ou de rééducation.

## Occasions de type V

Faire une nouvelle décision reliée à la dynamique individu-étude-travail.

## Définition

Un accident de travail, un infarctus, le départ d'un dernier enfant de la maison, le décès d'un conjoint, le cap de la quarantaine, un changement de valeurs ou une nouvelle administration au travail ne sont que quelques-uns des événements qui amènent souvent une personne à se repositionner face à la dynamique individu-étude-travail, la décision maintenue jusqu'ici ne la satisfaisant plus (Riverin-Simard, 1985; Gaullier, 1988).

## Phases

Lors de telles transitions et de nouveaux départs, on note trois phases importantes.

1. Faire le *deuil* de ce qui s'achève, c'est-à-dire se détacher de la décision actuelle, aussi importante et marquante soit-elle.

2. Ensuite, se mettre au *neutre,* c'est-à-dire à l'écoute de soi et des nouvelles situations afin de laisser émerger ce qui est vital et prioritaire, c'est-à-dire ce qui naît en soi.

3. En troisième lieu, nourrir et développer ce qui vient d'émerger en deuxième phase. C'est le *nouveau départ,* le re-nouveau.

## Jalons et moyens d'intervention

D'abord, aider la personne à laisser aller, à dire adieu à ce qui fut, tant sur le plan affectif que cognitif. Parmi les moyens facilitant cet objectif, il y a la lettre ou le discours d'adieu, un dialogue «deux chaises» entre la personne concernée et l'autre, symbolisant ce qui se termine, ou encore la simulation d'une rencontre de la personne ou des personnes concernées par l'éventuel changement qui sont informées de la transition en cours. Cela peut aider le client à prévoir leurs réactions et à s'y préparer. Ainsi, cet accidenté du travail peut être amené à dire adieu à son membre amputé ou cette femme qui fait un retour aux études imaginer qu'elle annonce à ses enfants qu'elle ne fera plus les lits le matin ni les repas du mardi soir. Ici, le carriérologue peut l'aider à recevoir les doléances de ses enfants sans abandonner son besoin de transition.

Pour aider à compléter la phase neutre, des exercices de centrage ou de relaxation sont à propos, surtout si la personne en question est hyperactive. Dans bien des cas, la phase neutre provoque plus de résistance que la phase deuil. Toujours à la phase neutre, la personne peut aider à tenir un «dossier d'étonnements», c'est-à-dire à décrire pendant un certain temps tout ce qui la frappe et l'excite.

Il suffira alors de récolter le produit de la deuxième phase et d'élaborer un plan visant la croissance de cette récolte, c'est-à-dire un plan d'action. Il se peut que ce plan d'action implique une prise de décision et dans ce cas, il faut se référer aux occasions de type I.

## Prototype

Bien des auteurs ont abordé la question du passage ou de la transition, comme Sheehy (1982). Proulx (1986) l'a abordée en pensant particulièrement aux femmes et à leur orientation. Bridges (1980) décrit admirablement les phases ci-haut énoncées.

## Cadre théorique

Counseling structuro-développemental et existentiel.

## Occasions de type VI

Dénouer une décision reliée à la dynamique individu-étude-travail.

### Définition

Certains événements, généralement imprévus, nécessitent plus qu'une transition. La séparation, la rupture, l'éclatement de la décision sont tels qu'ils engendrent un véritable sentiment de perte, voire de deuil. C'est le cas lors d'une perte d'emploi, d'un accident, de la découverte d'une maladie incurable ou d'une mise à la retraite. Et même lorsqu'ils sont prévisibles, certains de ces événements conservent autant d'intensité. De fait, de telles occasions nécessitent une démarche et des phases comparables aux occasions de type V, sauf que la phase deuil prend une telle ampleur qu'elle devient ici prioritaire.

### Phases

1. Surtout lorsque l'occasion en question n'était pas prévue, il y a un état de choc et de surprise. Souvent, cet état se transformera en *dénégation*. Ici, la personne refuse d'admettre et de voir la réalité. Elle tente de la déformer ou de la minimiser. Ainsi, une mise à pied soudaine sera décrite comme un congé longtemps désiré, ou une expulsion d'un programme comme une confirmation que l'on n'était pas à sa place.

2. Ensuite, la personne concernée éprouve des sentiments intenses et violents face à la situation, sentiments qui convergent généralement sur son environnement. Elle voit injustice sur injustice. Pourquoi perdrais-je mon emploi alors qu'un tel n'a pas de responsabilités familiales? Pourquoi suis-je mis à la retraite alors que j'ai consacré vingt-cinq ans de ma vie au service de cet organisme? Bref, c'est la phase de la *colère*.

3. Ces sentiments n'assouvissant pas le mal et surtout ne réglant pas le problème relié à l'occasion, la personne devient pragmatique, voire opportuniste, et essaie toutes les avenues qui s'ouvrent à elle dans l'espoir d'y trouver une solution. Les auteurs appellent ceci la phase de

*marchandage.* Ainsi, par exemple, tel étudiant s'inscrira dans un programme de second cycle car il est incapable de vivre la fin de son baccalauréat, ou cet ouvrier utilisera l'alcool pour camoufler des maux de dos persistants occasionnés par son travail.

4. Or, le marchandage est généralement peu efficace et/ou trop coûteux sur plusieurs points. Par exemple, il oblige à sacrifier des principes personnels et une dignité, à nier la réalité, etc. Sauf dans de rares occasions où il devient une source de renouveau, il conduit généralement vers le repliement et l'*autodestruction.* C'est la phase de dépression.

5. Enfin, au bout du tunnel, c'est la résignation, l'*acceptation.* Et paradoxalement, c'est au moment où l'occasion est enfin acceptée dans toute sa réalité que la personne prend du pouvoir sur elle. Ainsi, le chômeur qui reconnaît les effets destructeurs du chômage rend du même coup celui-ci créateur (Limoges, 1983).

## Jalons et moyens d'intervention

Premièrement, aider la personne à se situer par rapport à ces phases. Cela implique l'aider à voir la réalité bien en face. Deuxièmement, l'aider à saisir et à canaliser la colère engendrée par cette prise de conscience. Pour ce faire, on peut lui suggérer de faire un dessin symbolisant cette colère, ou de serrer une serviette représentant la situation, ou encore de visualiser l'effet de cette prise de conscience sur tout son être. Troisièmement, si la prise de conscience révèle qu'elle se situe surtout à la phase de marchandage, il est à propos de l'encadrer dans cette démarche afin qu'elle soit la plus fructueuse possible. À la limite, l'aider pour qu'elle soit la moins dommageable possible.

Quatrièmement, quand apparaissent les symptômes de la phase «dépression», l'aider à accepter et à s'accepter, «empathiser» avec ses sentiments autodestructeurs ou refléter son potentiel vital. Dans des occasions aussi personnelles et très peu communicables, aider signifie souvent «être avec».

Cinquièmement, au moment où la résignation et surtout l'acceptation arrivent, accompagner ce renouveau; se rendre complice à tous les aspects vitaux de son être, par exemple en l'amenant à visualiser par imagerie mentale ces forces prenant le dessus sur l'événement de deuil.

### Prototype

Aide aux mourants de Kubler-Ross (1977).

### Cadre théorique

Psychologie du deuil et de l'abandon.

## 2. Des occasions d'être ensemble

Nous venons de décrire les six types d'occasions où il y a lieu de faire une démarche d'orientation. Ces six types d'occasions sont résumés dans le tableau I.

Ce qui frappe évidemment, c'est que toutes ces occasions ont un lien avec la prise de décision et avec la dynamique individu-étude-travail. C'est justement pourquoi elles sont des occasions d'orientation et elles constituent la raison d'être de la carriérologie. Ne pas savoir où aller et quoi faire, être incapable de réaliser une décision, mettre en doute une décision prise, avoir à revenir sur une décision ou avoir à en prendre une nouvelle et mettre fin au maintien d'une décision sont autant de situations qui écourtent la temporalité des personnes concernées. Celles-ci se voient tout à coup confinées dans un «ici-maintenant» maladif puisque déconnecté de tout futur (Nuttin, 1980). Leur espace s'en trouve pour autant *raccourci*. Toute démarche dans de telles occasions revient à restaurer chez elles toute la spatio-temporalité, plus particulièrement la perspective future.

Et comme nous le faisions au chapitre précédent, nous ne pouvons terminer celui-ci sans faire ressortir le caractère interpersonnel de ces types d'occasions d'orientation dans une optique carriérologique.

# TABLEAU I

## Occasions d'intervention en carriérologie et en orientation

| Types | I | II | III | IV | V | VI |
|---|---|---|---|---|---|---|
| **Occasions** | prendre une décision | réaliser une décision | maintenir une décision | réviser une décision | faire la transition entre deux décisions | dénouer une décision |
| **Phases** | exploration cristallisation spécification réalisation | environnement[1] soi lieu méthode environnement[2] | rétrospective prospective action | inversion du processus de prise de décision  correction à partir de la phase déficiente | deuil neutre nouveau départ | dénégation colère marchandage dépression acceptation |
| **Interventions types en orientation** | A.D.V.P.[*] | trèfle chanceux | S.O.A.[**] ou «faire-le-point» | redécision | transition-travail ou re-travailler | pré-retraite |

[*] Adaptation de développement vocationnel et personnel
[**] Service d'orientation approfondie

# III

## L'ORIENTATION CARRIÉROLOGIQUE: UN ACTE FONDAMENTALEMENT INTERPERSONNEL

### 1. *Acte d'abord intrapersonnel*

Traditionnellement, l'orientation scolaire et professionnelle est perçue comme un acte intrapersonnel. En effet, toute démarche reliée à la dynamique individu-étude-travail implique que cet individu s'examine et s'évalue à fond et lucidement. Les auteurs et les intervenants décrivent cette étape comme l'exploration de soi ou comme la connaissance de soi. Lorsqu'elle est bien faite, cette étape doit permettre à l'individu de se définir en tant que personne et, plus précisément, en termes d'intérêts, d'aptitudes, d'acquis et de valeurs (Pelletier, 1984; Lecomte, 1987).

Par ailleurs, les six types d'occasions décrits au chapitre précédent sous-tendent la nécessité d'un examen de soi adapté à l'occasion: soi-demandeur-d'emploi, soi-travailleur, soi-accidenté, soi-mis-à-pied, etc. Bref, on ne pourra jamais assez souligner l'importance de la connaissance de soi en orientation. Toute tentative d'éviter cette étape est vouée à l'échec (Crites, 1969; Bujold, 1988).

## 2. *Acte surtout interpersonnel*

Si toute démarche d'orientation consiste à se voir comme un produit à *explorer,* cette exploration n'a aucune utilité sans l'*exploitation* des résultats de cette exploration. Une analogie minière peut aider à comprendre cet enjeu. Il serait inconcevable et socialement inacceptable qu'un prospecteur minier ouvre ici et là des puits d'exploration et ensuite les laisse béants. S'il avait des doutes quant à la teneur minière de ces sols, il lui aurait suffi de faire quelques forages çà et là et de prendre une décision en conséquence.

Ouvrir ainsi de tels puits risque de perturber l'équilibre écologique et de polluer les eaux souterraines, sans compter les dangers d'y voir tomber troupeaux et enfants. Bref, ce serait un gâchis sur tous les plans. Très vite, il y aurait des pressions — fort justifiées d'ailleurs — pour faire emplir et clôturer ces gouffres.

Lorsque de pareils puits verticaux sont creusés, il faut d'abord les élargir soigneusement à l'aide de galeries, ce qui signifie avoir déjà identifié des marchés d'exploitation pour les produits explorés.

Au plan humain, cette analogie est éclairante. Limiter une démarche ou une intervention carriérologique à la connaissance de soi, cela revient à se limiter à ouvrir des puits sans en faire une exploitation horizontale interne et externe. Comme au plan géologique, une telle opération tronquée est psychologiquement dangereuse, voire immorale. Pour la personne, une connaissance de soi sans suite, sans application dans son environnement, c'est-à-dire sans horizontalité, c'est inutile, et surtout négativement dérangeant. Cela ne fait qu'engendrer inconfort et insatisfaction en éveillant les besoins sans donner à la personne les moyens d'y répondre, c'est-à-dire les moyens de s'actualiser.

En orientation et en carriérologie en général, tout centimètre de puits, c'est-à-dire d'exploration intrapersonnelle, doit être jumelé à un centimètre d'interpersonnel, tant au niveau interne (c'est-à-dire en retraçant via les galeries les gens qui, d'une manière ou d'une autre, ont façonné les intérêts, aptitudes, valeurs et expériences de cette personne) qu'au niveau externe (c'est-à-dire en assurant une interaction consécutive et équivalente à cette prise de conscience avec l'environnement actuel et futur de cette personne).

En résumé, une démarche de connaissance de soi, et surtout une intervention en ce sens, ne sont psychologiquement et moralement acceptables que si elles sont faites en vue et pour une actualisation dans le temps et dans l'espace.

## 3. *Un triangle social*

L'orientation carriérologique étant résumée par la dynamique individu-étude-travail, il est frappant de constater que les trois volets de ce triangle sont, de par leur nature et de par leur finalité, ensemble et séparément des microcosmes. Au chapitre I, nous terminions la présentation des formules schématisant l'interaction individu-environnement en précisant premièrement que toute démarche ou intervention vise à faire passer des parties de la droite à la gauche de l'équation, et deuxièmement que tout ce qui se trouve à droite de cette équation constitue un contenu.

L'analyse en profondeur de tels contenus a amené Harmin (1976) à identifier trois niveaux, soit les faits ou items, les concepts et les valeurs ou principes.

Les angles *étude* et *travail,* c'est-à-dire le contenu scolaire et professionnel, ne font pas exception à cette conclusion, bien au contraire. Quelques-unes de nos recherches le confirment bien puisqu'elles énumèrent les éléments pour chacun des niveaux et abordent même leur application (Limoges, 1976, 1977). Ces trois niveaux se retrouvent autant dans le contenu propre au travail que dans celui qui est spécifique à l'étude.

Par rapport au *travail,* comme items, concepts et principes, on retrouve dans l'ordre, d'abord la réglementation du travail, les modalités d'embauche, etc.; ensuite, le «monde du travail», lequel est à la fois théorique (conception logique sur papier) et concret (immeubles, etc.); enfin, les grands principes socio-politiques comme la lutte à l'inflation, le plein emploi ou le revenu minimum garanti, principes qui transcendent les autres niveaux.

Pour l'*étude,* les items portent sur les normes d'admission ou de réussite d'un cours, sur le calendrier des activités pédagogiques, etc. Les concepts abordent la promotion, la polyvalence, la formation de base, etc. Items et concepts sont justifiés et unifiés par des principes qui veulent, par exemple, que l'éducation perpétue une culture, optimalise le potentiel des citoyens, et ainsi de suite. C'est le «système scolaire».

Évidemment, ces items, ces concepts et ces principes propres à l'étude et au travail sont conçus, approuvés, articulés et mis en application par des gens: là par des informateurs, des conseillers pédagogiques, des agents de placement; ici par des politiciens, par une majorité de citoyens, des juges, etc.; et entre les deux, par des cadres, des directeurs du personnel, des chefs d'entreprise, etc.

En somme, toute intervention de l'individu en rapport avec l'étude et le travail signifie concrètement entrer en contact avec des personnes, des critères et des interprétations de personnes en poste, etc.

En revanche, on ne pourrait trop insister avec Nuttin (1965, 1980) pour dire que l'individu est un produit interpersonnel, c'est-à-dire le produit de ses relations. Alors que cet énoncé est irréfutable au plan biophysique, on oublie que ce plan n'est que la partie visible de ce qui se passe sur les autres plans, tel le plan psychologique.

L'individu fut, est, et sera le résultat de ses interactions avec l'environnement, ce dernier étant constitué, comme nous l'avons démontré au chapitre I, principalement de gens et surtout par des gens.

Et même la connaissance de soi dont nous parlions plus tôt n'échappe pas à cette loi. Ainsi, pour qu'un individu puisse explorer un intérêt particulier, il doit se référer à des expériences antérieures, réalisées ou avortées selon les personnes qui côtoyaient alors cet individu: parents, amis, professeurs, voisins, animateurs de télévision, etc.

Si ces expériences — c'est-à-dire si ces gens — n'ont pas existé, l'*inventaire d'intérêts* de cet individu décrira l'intérêt en question comme non significatif pour lui. Et au contraire, si d'une part, dans le passé, des interactions avec des gens ont fait que cet intérêt est devenu aujourd'hui significatif pour cette personne, et si d'autre part, celle-ci souhaite exploiter cet intérêt, elle ne pourra le faire que si elle entre en contact avec des gens, particulièrement avec ceux et celles qui font et gèrent les formes «incarnées» de l'étude et/ou du travail à ce moment-ci. Là, ce sera la directrice d'un institut ou le responsable d'un programme, ou encore des maîtres, ou des collègues de classe. Ici, on trouvera un conseiller en emploi, une directrice du personnel, des clients... Donc, une variable aussi personnelle et intime qu'un intérêt impliquera une forte dimension interpersonnelle.

Bref, un triangle constitué de personnes du début à la fin, quel que soit le moment spatio-temporel retenu: passé, présent ou futur.

Jumeler chaque démarche intrapersonnelle avec une démarche équivalente interpersonnelle ne fait que reprendre et prolonger cet état de fait propre à la condition humaine et surtout propre aux enjeux carriérologiques.

L'*inter* et l'*intra* ainsi menés de pair constituent à notre humble avis une révolution des interventions d'orientation. Ces interventions consistaient jusqu'à maintenant à ouvrir, à remplir et à fermer successivement des tiroirs: un premier sur la connaissance de soi, un deuxième sur le marché du travail, puis un troisième où l'on tentait de mélanger le contenu des deux premiers, et enfin un quatrième ayant pour thème l'insertion. Forcément, l'exercice devenait linéaire, risquait de conduire à une vision simpliste de l'enjeu ainsi qu'à l'impasse du fictif et de l'illusion. Les risques étaient grands que cet exercice engendre chez la personne frustration et démobilisation.

En revanche, le jumelage constant de l'*inter* et de l'*intra* rompt cette linéarité et assure la pleine complexité des choses sans que l'exercice soit pour autant aliénant. Dans cette nouvelle optique, la façon de parler de ses intérêts est aussi importante que l'exploration de ceux-ci. Parler correctement de ses intérêts, c'est déjà en amorcer l'exploitation.

En d'autres mots, amorcer une démarche de connaissance de soi, c'est déjà amorcer son insertion; s'explorer, c'est déjà s'exploiter. L'exploitation justifie et guide l'exploration.

## 4. *Des occasions de rencontre*

Avoir mis en évidence le caractère interpersonnel de la dynamique individu-étude-travail nous amène à revoir les six types d'occasions décrits au chapitre précédent.

Puisque ces occasions reflètent divers positionnements sur le triangle et en considèrent le caractère interpersonnel, il s'ensuit que ces occasions sont tissées d'interpersonnalité, tant dans leur origine que dans leur réalisation.

Prendre, réaliser, maintenir, revoir, refaire et défaire une décision impliquent nécessairement des occasions qui engagent et ont engagé des personnes en relation avec l'individu concerné. À son tour, l'action suscitée par ces occasions implique et impliquera des personnes.

## 5. *L'autonomie en orientation carriérologique*

Une telle conception de la personne et de son orientation s'éloigne évidemment de la notion d'autonomie, si populaire de nos jours.

L'autonomie s'avère une notion fort ambiguë. Pour bien des auteurs, et surtout pour le commun des mortels, elle signifie laisser faire, faire seul, décider seul, se prendre personnellement en charge. Derrière ce mot, les promoteurs de l'autonomie, tels les intervenants et les gouvernements, cachent quelquefois le fait qu'ils ont trop à faire, ou qu'ils l'ont fait depuis trop longtemps, donc que c'est au tour de l'autre de prendre la relève, ou encore que ce «service» s'étire ou devient trop coûteux. Par crainte que les personnes que l'on souhaite voir autonomes, par exemple les adolescents, en viennent à abuser de cette autonomie, on leur rappellera aussitôt que l'autonomie inclut des responsabilités (Limoges, 1984).

À la fois attiré et tiraillé par cette notion, mais définitivement désireux de s'éloigner du sens abusif donné à ce terme, St-Arnaud (1983) l'utilise pour parler du respect et de l'actualisation de soi. De fait, la revue de la documentation révèle qu'en psychologie en particulier, la notion d'autonomie est fort récente. Coan (1977), par exemple, a examiné ce que, à travers le temps et l'espace, cachent des concepts comme santé mentale, normalité, maturité, actualisation de soi, épanouissement personnel. Étonnamment, en aucun temps et en aucun lieu, l'autonomie n'a fait partie de ces idéaux humains. Au contraire, ce qui résiste et persiste au-delà des ans et des lieux, quel que soit le concept-synthèse, ce sont les variables suivantes:

- l'efficacité,
- la créativité,
- l'harmonie interne,
- la transcendentalité,
- le relationnel.

Teilhard de Chardin (1959), dans le même sens, disait que «l'homme accompli est une personne intégrant corporalité, affectivité, sociabilité, avec une intelligence ouverte et capable d'aller à la société pour y prendre, sans s'y dissoudre, sa part de responsabilité».

Cette situation met en évidence que l'accomplissement humain réside dans l'interdépendance avec l'environnement et avec les autres par une interaction (I ↔ E) constante et dynamique.

Alors, on comprendra pourquoi bien des gens n'ont pu échapper à l'esclavage de l'alcool autrement qu'en joignant un groupe d'alcooliques anonymes. Ils ont troqué une dépendance pour une autre! Ce n'est peut-être pas l'autonomie telle que définie plus tôt, c'est-à-dire celle qui suggère de «se débrouiller tout seul», néanmoins l'établissement de liens avec un groupe de support et d'entraide permet à ces individus de se prendre en main et, pour Coan (1977) et Nuttin (1975), cela est un signe d'accomplissement humain.

D'ailleurs, tout le courant développemental psychologique actuel (cf. Limoges, 1988) tend à éviter cette terminologie. Déjà en 1969, Erikson préféra le terme «intégré» pour chapeauter ces stades. Une dizaine d'années plus tard, après une étude exploratoire sans précédent dans l'histoire de la psychologie, Loevinger (1976) arrivait à la même conclusion. Elle va même plus loin en démontrant que le seul chemin menant à la prise en charge personnelle — ou à l'autonomie — passe par un stade de conformité. Du point de vue développemental, selon l'auteur, sans expériences de dépendance et de conformité, une personne ne pourra jamais avoir accès d'abord au stade d'autonomie et, enfin, au stade d'intégration.

Considérer l'orientation carriérologique de façon interpersonnelle ne fait que reconnaître cet état de fait. C'est pourquoi, qu'elle soit faite seul ou avec l'aide d'un carriérologue, que celui-ci travaille individuellement ou en groupe, l'orientation est et sera toujours un acte interpersonnel (Limoges, 1987).

De là à conclure que l'orientation se fait mieux en groupe, il n'y a qu'un pas que nous n'hésitons pas un instant à franchir. C'est pourquoi, d'ailleurs, toute la deuxième partie de ce livre porte sur le choix et l'application d'approches de groupe en orientation.

# DEUXIÈME PARTIE

# Les groupes en orientation carriérologique

# IV

# LES SORTES DE GROUPES; LEUR CHOIX

## 1. *Un changement historique*

Si, comme nous l'affirmions dans la première partie, l'orientation carriérologique est fondamentalement interpersonnelle, cela conduit à la conclusion qu'il est pertinent et souhaitable *d'orienter* et *de s'orienter en groupe*. Reste à savoir quelles sortes de groupes s'y prêtent le mieux.

Les textes socio-psychologiques classiques ont mis en relief deux sortes de groupes: le groupe restreint ou petit groupe, et le grand groupe. Nous les définirons plus tard.

Cependant, plus récemment, de nouveaux courants en éducation (Paré, 1977; Meirieu, 1984) et en psychologie (Purple, 1972) ont mis en évidence la possibilité et la nécessité de centrer l'éducation sur l'apprenant. Pour les uns, ce constat les a conduits à individualiser l'enseignement ou à le rendre plus holiste, pour d'autres, il les a amenés à concevoir l'éducation à des fins psychologiques telles l'éducation à la carrière, le développement du Moi, la socialisation, le jugement moral, etc. En d'autres mots, cela les a conduits vers l'éducation psychologique.

En soi, cette prise de conscience était une mini-révolution de l'éducation. L'éducation ne servait plus exclusivement à transmettre des savoirs ou des savoir-faire professionnels, elle pouvait aussi servir à développer chez l'apprenant des savoir-être (Ardoino, 1968).

Mais cette mini-révolution en appela une autre quant aux sortes de groupes. Alors qu'auparavant l'apprentissage en groupe et le groupe lui-même étaient perçus comme des formes éducatives pour le peuple, pour la masse, voire, en comparaison avec l'enseignement individualisé ou tutorial, comme de l'éducation de second ordre, le concept d'éducation psychologique fit d'abord ressortir le potentiel et la richesse incommensurable de l'approche de groupe, et surtout des groupes hétérogènes, hétérogénéité jusqu'alors décriée et bannie. L'éducation psychologique mettait en évidence que le meilleur stimulant à l'apprentissage est la dissonance cognitivo-affective et ainsi redécouvrait Piaget, Dewey, Socrate et bien d'autres.

Par la suite, ce souci d'optimaliser le groupe à des fins d'apprentissage nécessita de distinguer le groupe moyen du grand groupe. Comme on le verra plus loin, bon nombre d'écrits actuels sur le grand groupe, habituellement signés par des psychosociologues tels Anzieu (1973) et Beauchamp (1976), concernent ce que nous appelons maintenant le groupe moyen. Il nous restera donc à définir les «nouveaux» grands groupes.

## 2. Les sortes de groupes[1]

Nous donnerons une première définition des groupes: petits, moyens et grands. Plus tard, après avoir considéré un certain nombre de critères, nous reprendrons au besoin ces définitions. Dans ces définitions, les termes *responsables* et *membres* sont utilisés sans référence à une école de pensée. Ils ont donc un sens générique.

### 2.1 Le petit groupe

Selon Anzieu (1973), le petit groupe a généralement les caractéristiques suivantes:

   a) Nombre restreint de membres, tel que chacun puisse avoir une perception individualisée de chacun des autres, être perçu réciproquement par lui et que de nombreux échanges inter-individuels puissent avoir lieu.

---

1.  Cette section du chapitre emprunte quelques extraits de *Les approches de groupes dans les centres d'emploi*, conférence que nous avons donnée à la 13e consultation nationale touchant l'orientation professionnelle, à Ottawa, en janvier 1988.

b) Poursuite en commun et de façon active des mêmes buts, dotés d'une certaine permanence, assumés comme buts du groupe, répondant à divers intérêts des membres, et valorisés.

c) Relations affectives pouvant devenir intenses entre les membres (sympathie, antipathie, etc.) et constituer des groupes d'affinités.

d) Forte interdépendance des membres et sentiments de solidarité; union morale des membres du groupe en dehors des réunions et des actions en commun.

e) Différenciation des rôles entre les membres et entre les membres et le responsable.

f) Constitution de normes, de croyances, de signaux et de rites propres au groupe (langage et code de groupe).

C'est à cause de ces caractéristiques qu'on peut dire que le petit groupe permet une dynamique interpersonnelle réelle et l'utilisation au maximum de rétroactions significatives, non évaluatives, descriptives et axées sur le vécu des membres.

Pour certains auteurs, seul un groupe de cinq ou six participants peut avoir de telles caractéristiques alors que d'autres les voient possibles dans un groupe d'une quinzaine de personnes. Tous s'entendent pour dire que le minimum est trois, sinon ce serait un couple.

## 2.2 Le moyen groupe

Parmi les caractéristiques du moyen groupe, on retrouve:

a) Un nombre de membres qui permet une communication minimale entre le responsable et les membres. Cela signifie qu'il soit possible d'avoir un minimum de rétroactions.

b) Un but commun qui mobilise minimalement les membres, même pour un temps limité.

c) Un juste partage entre un contenu et les réactions à ce contenu.

d) Une mise en commun d'opinions et de compétences.

Le prototype du moyen groupe — souvent appelé de façon erronée grand groupe — est le groupe-classe, c'est-à-dire un groupe comprenant entre quinze et quarante membres (Beauchamp, 1976). Ces nombres sont bien sûr donnés à titre indicatif.

## 2.3 Le grand groupe

Nous définissons comme grand groupe tout groupe basé sur un modèle de diffusion, c'est-à-dire où l'ensemble des fonctions et rôles sont assumés globalement par le responsable, ce qui fait que le contenu et le cognitif ont une place prépondérante.

À la limite, les membres peuvent alors être confondus avec une foule ou une masse de personnes. De toute évidence, au-delà d'une quarantaine de personnes, il devient à toute fin pratique impossible d'établir une communication, d'où la pertinence d'un modèle de diffusion pour supporter cette sorte de groupe.

Comme l'orientation carriérologique est interactive (cf. chapitre I), et comme les groupes petits et moyens sont les seuls susceptibles d'assurer cette interaction, il convient donc de voir plus en détail la définition de ces deux sortes de groupes. Au tableau I inspiré de Beauchamp (1976), on retrouve les exigences, les avantages et les limites de chacun d'eux.

**TABLEAU I**

**Caractéristiques et comparaisons**

**des petit et moyen groupes**

| PETIT GROUPE | MOYEN GROUPE |
|---|---|
| *EXIGENCES* | *EXIGENCES* |
| • La question des locaux et de l'équipement est un problème mineur, mais discuter dans le cadre d'un petit groupe suppose un engagement personnel véritable de la part des membres et du responsable. | • Pouvoir disposer de locaux et d'équipement.<br>• Engagement personnel minimum de la part des membres.<br>• Préparation minutieuse de la démarche à suivre. |
| *AVANTAGES* | *AVANTAGES* |
| • Structure qui permet une communication mutuelle et l'expression libre de chacun.<br>• Structure particulièrement adaptée à un projet d'action où tout le monde participe vraiment aux prises de décisions, à la répartition des tâches et à l'organisation. | • Structure bien adaptée à la transmission et à la réception de l'information.<br>• Structure comprenant parfois une réelle variété d'opinions, de compétences, d'expériences, ce qui peut être très enrichissant pour tous.<br>• Structure qui peut se «payer le luxe» de faire venir une ou plusieurs personnes-ressources. |

- Structure mobile, souple, s'adaptant à chacun, qui permet de coller aux intérêts et aux besoins réels des membres et du milieu.
- Structure où chacun peut apprendre à devenir plus autonome, à se sentir responsable de ses actes.
- Structure qui permet à chacun de ses membres d'être un agent très actif de ses propres apprentissages tant au plan de l'information (transmettre et recevoir) qu'au plan de la remise en question de ses propres attitudes et comportements.

- Structure qui donne aux membres le sentiment d'appartenir à quelque chose d'important, de fort.
- Structure conçue pour travailler collectivement sur un problème commun à toute une communauté (s'informer, mener à terme un projet collectif, faire des représentations, etc.).

## LIMITES

- On peut avoir quelque difficulté à trouver toutes les ressources nécessaires.
- Si le groupe ne prend pas en charge la démarche collective, il risque de se voir entraîné par l'un ou l'autre de ses membres.
- Les membres peuvent se sentir isolés et impuissants devant l'ampleur des problèmes.
- Risque de demeurer un groupe de partage intimiste, préoccupé de sa propre chaleur intérieure et peu à peu coupé des problèmes extérieurs, une petite cellule qui s'isole dans son cocon.
- Risque de ne rejoindre qu'une infime partie de la population.

## LIMITES

- Risque très fort de dépendance des membres vis-à-vis du responsable ou de la personne ressource.
- À cause du nombre, moins de possibilités pour chacun de s'exprimer, de prendre des initiatives, de participer, de se sentir responsable du groupe.
- Risque pour les membres de ne pas dépasser le stade du conformisme et de ne pas aller au-delà de leurs «blocages».
- Risque de demeurer passif face au volume des informations reçues sous mode didactique.
- Risque d'en rester à un niveau très général de discussion, loin des intérêts et des besoins réels de ses membres.
- Rend difficile la mise en route d'un projet concret. Court le risque que le projet ne soit en fait réalisé que par quelques-uns, les autres ne faisant que suivre.
- Risque d'entraîner un climat impersonnel et une absence de communication réelle.

Tiré de Beauchamp (1976). Dans l'original, l'expression «grand groupe» est utilisée pour décrire le «moyen groupe».

## 3. *Critères de décision*

Afin de privilégier une sorte de groupe plutôt qu'une autre, il y a lieu d'appliquer quelques critères. Quelle que soit la raison d'être de ce groupe, nous considérons qu'il faut minimalement considérer cinq critères, soit l'objet du groupe, le ratio contenu/dynamique, le ratio cognitif/affectif, le partage des rôles et le nombre de membres.

### 3.1 *Premier critère: l'objet de l'apprentissage et du groupe*

Au chapitre I, nous avons utilisé la formule (I − i) + e ↔ (E − e) + i pour décrire la situation d'un individu à un moment donné dans le temps et dans l'espace. Nous avons de plus indiqué que le segment à la droite de la flèche représente les aspects non actualisés, non développés ou le non-moi. Plus spécifiquement le (E − e) + i devient l'objet du développement de l'apprentissage ou tout simplement de l'interaction... et de l'intervention.

La condition humaine veut que toute acquisition et toute intégration dans l'organisme humain exigent au préalable une «mise en parties» ou une différenciation, que ce soit de la nourriture, de la lumière, des connaissances, des comportements nouveaux, etc. Conséquemment, en y regardant de plus près, on découvre que ce segment de droite peut être abordé de trois manières.

Ainsi, l'individu et/ou l'intervenant peut retenir le fait que ce segment représente globalement ce qui est hors de lui ou de la personne concernée. Le (E − e) + i devient alors une connaissance à acquérir, un phénomène à maîtriser. L'objet[2] en question est alors décrit comme *extrapersonnel* pour cette personne.

Par ailleurs, l'individu et/ou l'intervenant peuvent plutôt ne considérer que le − i, c'est-à-dire les aspects qui, à ce moment-là, leur échappent. Dans ce cas-là, l'objet de l'action et de l'intervention sera d'ordre *intrapersonnel* puisque dans les faits, l'objet recherché est au-dedans de la personne.

---

2. Antérieurement, nous utilisions le mot «objectif» pour décrire les sous-aspects de ce contenu. Cela pouvait créer une certaine ambiguïté du fait que plus loin nous parlons des objectifs intermédiaires de contenu et de dynamique.

## TABLEAU II

## «Objets» d'apprentissage

|  | EXTRAPERSONNEL (soi — phénomène) | INTRAPERSONNEL (soi — soi-même) | INTERPERSONNEL (soi — autres) |
|---|---|---|---|
| **RÔLE DU GROUPE** | Le groupe est important dans la mesure où il constitue un milieu approprié pour que les individus effectuent des apprentissages. | Milieu favorable où chacun fait son propre «voyage»-cheminement. Chaque individu est en quelque sorte au service de l'autre — objet de projection, d'identification et de transfert de chacun.<br><br>La réunion de personnes peut arriver à former un groupe, mais l'accent n'est jamais mis par les membres sur la cohésion du groupe et sur les phénomènes collectifs. | La réunion de personnes en groupe constitue l'instrument premier des apprentissages. |
| **SITUATIONS D'APPRENTISSAGE** | Activités préparées par le responsable et visant à l'acquisition d'habiletés ou de connaissances spécifiques. | Les individus composant le groupe eux-mêmes, en ce sens que chacun vit continuellement quelque chose (des émotions) par rapport à chacun des autres.<br><br>Les activités proposées par le responsable dans le but de faire émerger un vécu latent. | Les quelques personnes réunies dans un cadre structuré au minimum.<br><br>L'expérience personnelle partagée avec les autres. |
| **SOURCES D'APPRENTISSAGE** | Sa propre expérience dans les diverses situations d'apprentissage.<br><br>L'expérience d'autrui.<br><br>La conceptualisation sur les phénomènes. | Sa propre expérience à tout moment.<br><br>Le processus dans lequel se trouve le membre (i.e. expérience continuellement en mouvement). | Les interactions spontanées des membres du groupe. |
| **PROTOTYPE** | Groupe de formation au travail en équipe.<br><br>Séance d'information. | Groupe de croissance personnelle.<br><br>Groupe de connaissance de soi. | Groupe de sensibilisation.<br><br>Groupe d'aide à la recherche d'emploi. |

Adaptation d'un tableau de Larrivée *et al.* (1972).

En revanche, considérant le fait que l'environnement, et surtout l'environnement scolaire et professionnel, est composé de personnes, quels que soient le temps et l'espace, l'individu ou l'intervenant peuvent ne s'attarder qu'au caractère *interpersonnel* de l'objet.

Or, selon Larrivée *et al.* (1972), à chaque type d'objets d'apprentissage correspond une sorte de groupe impliquant un rôle particulier et des situations d'apprentissage spécifiques à ce groupe avec, bien sûr, des sources particulières d'apprentissage. Le tableau II, inspiré de ces auteurs, résume ces variables. En somme, c'est le souci d'atteindre un objet plutôt qu'un autre qui justifie le choix ou le rejet d'une sorte de groupe.

Par ailleurs, ce que nous venons de dire sur les sortes de groupe et ce qui ressort de ce tableau nous amènent à la conclusion que lorsque l'objet est abordé de façon extrapersonnelle, le moyen groupe et même le grand groupe sont tout à fait de mise. Par contre, si la source d'apprentissage doit être les interactions spontanées entre les membres et/ou le responsable, alors le petit groupe sied mieux. L'intrapersonnel se situant entre les deux, les deux sortes de groupes s'avèrent adéquates[3].

## 3.2 *Deuxième critère:* le ratio contenu/dynamique

Le second critère pouvant éclairer la décision d'utiliser ou pas une sorte de groupe et de préciser le nombre de participants est le ratio contenu/dynamique.

Le contenu regroupe aussi bien les objectifs spécifiques de contenu que la matière ou l'information qui doivent être communiquées durant l'intervention ou le programme. Certains, comme Pelletier *et al.* (1983), parleraient ici des éléments factuels et notionnels de l'intervention.

Quant au mot *dynamique,* il sert à désigner les processus, les procédures, les démarches et consignes inhérentes à ce contenu, mais aussi le climat psychologique dans lequel cela devra se faire

---

3. À quelques reprises, nous avons mis, sur un continuum, grand, moyen, petit groupes, ainsi que la relation un à un. Cela créait des incohérences dans l'argumentation et reflétait une incompréhension de notre part. L'intervention individuelle par rapport à l'intervention de groupe est d'un tout autre ordre. Elles ne doivent pas être confondues. À la limite, il en est ainsi pour le grand groupe, lequel s'appuie sur un autre modèle. Mais comme il y a une zone tampon entre les deux nous persistons à les situer sur le même continuum.

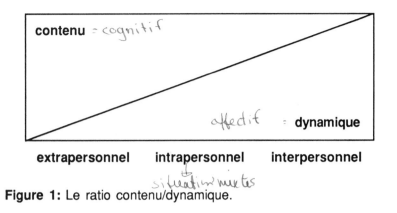

**Figure 1:** Le ratio contenu/dynamique.

(aspect affectif et subjectif). Si le mot contenu rejoint les objectifs de contenu, le mot dynamique, quant à lui, s'apparente aux objectifs de la dynamique du groupe.

Comme l'indique la figure 1, un rectangle peut symboliser une intervention ou un programme et une diagonale peut représenter ce ratio contenu/dynamique. Et puisque l'un et l'autre réfèrent à l'objet d'apprentissage, nous pouvons donc les situer sur cette même figure pour constater, encore une fois, que lorsque l'objet visé est extrapersonnel, la matière ou le contenu prend beaucoup plus de place et que c'est l'inverse lorsque l'objet est d'ordre interpersonnel. En d'autres mots, plus le contenu est important, plus le grand groupe est pertinent et à l'inverse, plus la dynamique est cruciale, plus approprié est le petit groupe. Lorsque le contenu et la dynamique se partagent à peu près également le temps et les objectifs, alors le moyen ou le petit groupe sont tout indiqués.

### 3.3 *Troisième critère: le ratio cognitif/affectif*

Ce troisième critère est fortement relié aux précédents. En effet, de par leur nature, le contenu s'apparente plus au cognitif alors que la dynamique éveille davantage l'affectif.

Si donc une action ou une intervention consistent à acquérir des notions, des informations, des faits, bref du cognitif, elles se situeront à gauche de la figure 1, alors que si elles portent sur la préparation et les réactions à ce cognitif, elles seront localisées vers la droite, et le centre sera réservé aux situations mixtes.

### 3.4 *Quatrième critère: le partage des rôles entre le responsable et les membres*

Lorsqu'il s'agit de choisir une sorte de groupe et de préciser le nombre de membres, un quatrième critère est de mise. Il s'agit du partage des rôles entre le responsable et les membres[4].

Encore une fois, le rectangle et la diagonale peuvent servir

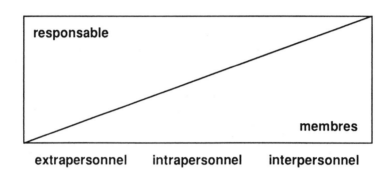

**Figure 2:** Le partage des rôles entre le responsable et les membres.

adéquatement à représenter ce partage. De plus, la figure 2 qui en résulte montre que le responsable a beaucoup plus de rôles et de fonctions lorsque l'objet est extrapersonnel. Ainsi, celui-ci doit structurer la matière, encadrer sinon modérer la dynamique, prévoir l'évaluation, etc., bref les rôles coutumiers d'un bon enseignant.

À l'opposé, à la droite du rectangle, la place du responsable est aussi importante, mais se limite à quelques fonctions comme celle de refléter la dynamique, c'est-à-dire de susciter la rétroaction et l'autodévoilement chez les membres.

Le centre du rectangle, encore une fois, représente la position mixte. Ainsi, comme dans un groupe de croissance, le responsable apporte de la matière ou du contenu, via un exercice par exemple, mais doit être tout aussi attentif à la dynamique suscitée par ce contenu.

---

4.   Rôle a ici un sens interactif. Il peut être bon ou mauvais selon qu'il facilite ou entrave l'interaction. Il n'a donc pas une connotation fortement négative comme dans le module III d'Emploi et Immigration Canada (cf. Borgen *et al.*, 1988).

Si donc une intervention ou un programme implique que presque tous les rôles sont assumés par le responsable, il s'ensuit que l'objet sera surtout d'ordre extrapersonnel et, dans ce cas, le nombre de membres peut dépasser la quarantaine.

### 3.5 Cinquième critère: le nombre de membres

Contrairement à ce qui se passe souvent, le critère du nombre arrive en dernier. De fait, il est tributaire des critères précédents. En d'autres mots, le nombre de participants dans un groupe dépend premièrement de l'objet visé par ce groupe, deuxièmement du ratio contenu/dynamique, troisièmement du ratio cognitif/affectif et finalement, du partage des rôles.

Par contre, si pour une raison ou pour une autre le nombre de participants était établi dès le départ, cela pourrait conditionner tous les autres critères. À titre d'exemple, si le programme devait forcément accueillir cinquante personnes, il deviendrait impossible

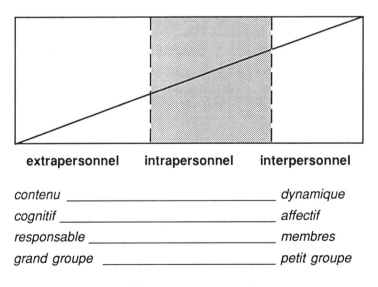

**extrapersonnel     intrapersonnel     interpersonnel**

contenu _____ dynamique

cognitif _____ affectif

responsable _____ membres

grand groupe _____ petit groupe

Légende: La bande pointillée signale un groupe d'insertion professionnelle.

**Figure 3:** Synthèse des critères servant au choix d'une sorte de groupe.

d'aborder l'objet de façon interpersonnelle ou de susciter la dynamique et l'affectif, etc. La figure 3, une synthèse des cinq critères en question, rend évident cet argument.

Loin de se contredire, ces critères se superposent et se complètent, exigeant au besoin un minimum de flexibilité pour ajuster l'un ou l'autre de ces critères qui ne cadrerait pas parfaitement. En revanche, cet exercice de superposition des critères permettra d'éviter des anomalies flagrantes comme par exemple espérer un engagement profond des membres lorsque le groupe est grand[5].

Voici une démonstration. Une démarche d'insertion professionnelle exige d'une part une démarche à la fois intra et interpersonnelle, surtout interpersonnelle (chapitre III). De fait, comme nous l'avons vu au chapitre II, cette démarche s'apparente aux occasions de type II; elle exige au départ une réaction à l'environnement et, à la fin, une action sur celui-ci. Il faudra donc un minimum de contenu et de cognitif pour la cerner et l'aide du responsable sera alors pertinente en ce sens. Celui-ci devra de plus guider la démarche.

Conséquemment, si cette démarche devait se faire en groupe, elle serait représentée sur la figure 3 par la bande ambrée et exigerait de restreindre le groupe à une quinzaine de personnes.

L'examen de cette même figure fait également ressortir la loi de l'attraction du pôle droit. Dit autrement, tout ce qui est et se fait à gauche de cette figure pourrait très bien se faire avec les conditions et les moyens proposés à droite de cette même figure. Ainsi, il n'y a aucun obstacle à donner un contenu extrapersonnel à un petit groupe. Ou encore à ce qu'un responsable assume toute la diversité des rôles dans un petit groupe. Un tel état de fait pourrait être dû à une conjoncture situationnelle (par exemple, il n'y a que douze personnes qui sont venues à une séance d'information) ou préférentielle (par exemple, le responsable de la séance d'information se sent moins à l'aise ou moins expérimenté lorsque le groupe est grand). L'inverse s'avère impossible. Il est techniquement à peu près impossible de faire de l'interpersonnel si le groupe est grand. D'où la loi de l'attraction du pôle droit.

L'orientation carriérologique d'une part s'inspirant d'un modèle interactionniste et d'autre part étant intra et surtout interpersonnelle, il s'ensuit que les groupes petits et moyens lui sont appropriés. Nous consacrerons donc les deux derniers chapitres à l'approfondissement de ces deux sortes de groupes.

_____
5.  Pour une application concrète, voir le texte cité à la note 1.

# V

# LE PETIT GROUPE EN CARRIÉROLOGIE

## 1. Préalables

Il ressort du chapitre précédent qu'en socio-psychologie, pour qu'il y ait un petit groupe, il faut assurer certaines conditions.

Premièrement, les critères suivants doivent être respectés:

a) L'objet traité doit se rapporter à l'intra et/ou à l'interpersonnel. La loi de l'attraction du pôle droit doit donc être appliquée. Ainsi accidentellement, de l'extrapersonnel peut également être abordé en petit groupe.

b) La place réservée à la dynamique doit être égale ou supérieure à celle accordée au contenu. Alors que dans les grands et moyens groupes le contenu prime, dans le petit groupe c'est la dynamique qui a priorité.

c) Il en est ainsi pour l'affectif dans le ratio cognitif/affectif.

d) Cinquante pour cent ou plus des fonctions et rôles, en quantité et en diversité, doivent être assumés par les membres.

e) Le nombre de membres doit se situer entre 3 et ± 15.

Deuxièmement, les caractéristiques proposées par Anzieu et énumérées au chapitre précédent doivent s'y retrouver. Elles se résument, selon nous, à la nécessité qu'il y ait des relations explicites entre les membres et entre ceux-ci et le responsable.

Troisièmement, les petits groupes socio-psychologiques, tels ceux organisés en carriérologie, sont toujours limités dans le temps et dans l'espace, par exemple variant entre douze et quarante-cinq heures. Cela contraste avec certains groupes psychothérapeutiques qui peuvent durer des mois, voire des années (ex.: groupes en centres psychiatriques) ou exiger un internat et une implication de vingt-quatre heures sur vingt-quatre (ex.: certaines communes californiennes des années 70).

Quatrièmement, le petit groupe peut exister pour et par lui-même. Il devient un groupe de formation (training group). Mais ce qui nous concerne présentement, c'est la dynamique individu-étude-travail et la carriérologie en général. Conséquemment, le petit groupe n'est plus ici vu comme une fin, mais comme un moyen, c'est-à-dire comme un instrument susceptible d'activer cette dynamique individu-étude-travail, quelle que soit l'occasion (cf. chapitre II).

## 2. *Opérationalisation*

L'opérationalisation du petit groupe à des fins carriérologiques se fait à travers une dizaine d'étapes que nous avons résumées dans le tableau I. Comme il existe de nombreux écrits sur ce sujet (cf. Dionne, 1981, Fernandez, 1988), nous nous contenterons d'élaborer ces étapes brièvement pour ensuite donner un exemple détaillé et spécifique à la carriérologie.

### Étape 1. *Identifier le besoin ou le problème spécifique à une population*

La justification d'un petit groupe en carriérologie peut venir de deux sources. D'un côté, un milieu, un organisme ou un regroupement de personnes peuvent en faire la demande. L'intervenant, futur responsable de ce groupe, doit alors distinguer le besoin ou problème réel du milieu et la perception qu'en ont les porte-paroles.

D'un autre côté, l'intervenant peut aussi dégager un besoin ou un problème à partir d'informations indirectes comme:

- ses connaissances théoriques et expérientielles par rapport à cette population ou à ce milieu (ex.: la crise d'identité chez les adolescents);
- sa vision d'ensemble de la situation vécue par cette population ou ce milieu (ex.: il sait que les collégiens auront à choisir leurs cours au mois de février);

## TABLEAU I
### Opérationalisation d'un petit groupe

| Étapes | Tâches |
|--------|--------|
| 1 | Identifier le besoin/problème spécifique à une population et/ou à un milieu. |
| 2 | Identifier les caractéristiques de la clientèle visée (c'est-à-dire les futurs membres du groupe). |
| 3 | Préciser l'objectif terminal du petit groupe. |
| 4 | Évaluer la faisabilité du petit groupe. |
| 5 | Préciser la stratégie publicitaire: approbation, etc. |
| 6 | Détailler de façon opérationnelle le programme:<br>a) les objectifs spécifiques,<br>b) les activités,<br>c) le format. |
| 7 | Préciser les stratégies de recrutement et/ou de sélection des membres. |
| 8 | Identifier des mécanismes de support et d'analyse. |
| 9 | Prévoir des mécanismes d'évaluation. |
| 10 | Publiciser l'expérience. |

- des constantes tirées de sa propre pratique (ex. récemment, plusieurs travailleurs sont venus lui parler d'épuisement professionnel). Ces constantes peuvent être corroborées et alimentées par des collègues.

## Étape 2. *Identifier la clientèle visée*

Les étapes 1 et 2 sont interactives. Dans la population ou le milieu concerné, l'intervenant devra cibler un échantillon, c'est-à-dire une clientèle pour laquelle il développera le petit groupe.

Puis une révision de ses connaissances et expériences avec les gens lui permettra de préciser un portrait robot de cette clientèle: âge, statut socio-économique, formation, stades de développement, etc. (voir Erikson, 1969; Huber, 1977; Riverin-Simard, 1984; Limoges, 1988).

Ce portrait robot servira à dégrossir et à raffiner sa compréhension de la clientèle afin de lui permettre par la suite de mieux préciser les objectifs, les activités, le format, etc.

Une fois que l'intervenant sera en présence des vraies personnes, il aura le loisir de se faire une nouvelle perception des membres, laquelle remplacera le portrait robot. Cela pourra impliquer des réajustements de ses objectifs, de ses activités, etc. Mais lorsque le portrait robot a été bien fait et qu'il a été utilisé correctement, ces ajustements sont habituellement mineurs.

## Étape 3. *Préciser l'objectif terminal du petit groupe*

La troisième étape se fera également à l'aide des précédentes et servira de rétroaction en vue de les raffiner.

La tradition anglo-saxonne qui veut que tout — surtout des objectifs terminaux — soit décrit par des verbes (le verbe étant la pierre angulaire de la langue anglaise) crée peut-être un conflit culturel pour des francophones habitués à des raisonnements construits sur des noms. Ce qui importe, c'est de formuler un objectif terminal qui soit concret, observable, réaliste, limité dans le temps et dans l'espace. Alors il sera possible de constater le degré de son atteinte[1].

## Étape 4. *Évaluer la faisabilité du petit groupe*

Avant d'investir plus de temps, d'argent et d'énergie à élaborer un programme pour ce petit groupe, il convient d'évaluer sa faisabilité matérielle, organisationnelle, financière et temporelle. Lorsque les conclusions mènent à poursuivre la démarche, il suffit de passer à l'autre étape.

---

1. En revanche, en ce domaine la langue française est adéquate du fait qu'elle est, par tradition, une langue de contenu alors que l'anglais ne s'attarde qu'au contenant (autobus d'écoliers plutôt que *school bus*, article plutôt que *paper*, viande froide plutôt que *cold cuts*, etc.).

## Étape 5. *Préciser la stratégie publicitaire*

Si le petit groupe doit au préalable faire l'objet d'approbations, l'information dégagée à l'étape précédente peut servir à constituer un dossier de faisabilité, donc à prévoir et à contrecarrer les obstacles à la réalisation de ce petit groupe. Cette étape peut se faire pendant ou après les étapes 6 et 7. Dans ce cas, ces deux autres étapes serviront à alimenter le dossier proposé en questions.

## Étape 6. *Détailler de façon opérationnelle le programme*

a) Les objectifs

Il faut d'abord traduire l'objectif terminal en objectifs intermédiaires de contenu. Ceux-ci doivent être pondérés et hiérarchisés en fonction du temps global prévu pour le programme (D'Hainaut, 1980). Ici, c'est le temps objectif, astral et universel qui prime. C'est le temps insensible à l'intensité. Une heure c'est une heure; une heure c'est soixante minutes. Cette rigueur empêchera l'intervenant de manquer de temps ou de n'atteindre qu'une partie de ses objectifs spécifiques. C'est pourquoi, en conformité avec le modèle interactionniste, le contenu est représenté sur l'axe horizontal, lequel représente aussi l'objectivité (Limoges, 1981A)[2]. Cela prend un sens particulier en carriérologie puisque celle-ci porte sur l'établissement, le maintien ou la restauration de la temporalité.

Mais lorsqu'une approche en petit groupe est requise ou souhaitée, il convient de tirer le maximum de la structure ou de la dynamique d'apprentissage. Par exemple, en ce qui a trait à la

---

2. Dans les versions antérieures du double axe, l'abscisse représentait la dynamique et l'ordonnée le contenu. Cette décision s'inspirait d'un souci d'édition. En effet, les objectifs du contenu — parce que plus élaborés — se présentaient mieux en «texte» linéaire. Mais dès le départ, cette présentation était incorrecte par rapport au modèle interactionniste dans lequel l'axe vertical représente le subjectif, l'espace, donc la dynamique du moment (Limoges, 1981B). Lorsque le double axe était appliqué à la carriérologie, cette incohérence ressortait encore plus, du fait que son contenu est fortement centré sur la temporalité future, donc plus près de l'axe horizontal. Nos récents travaux avec l'AFPA (France) et EIC (Canada) nous ont convaincu de corriger cette erreur historique et graphique même si, de ce fait, cela rendait nos textes précédents caducs. Un souci de la vérité et la force du modèle ont eu raison d'un pragmatisme trop facile.

carriérologie, nous avons fourni jusqu'à maintenant une foule d'arguments la justifiant. Concrètement, cela signifie préciser les objectifs intermédiaires de la dynamique, lesquels doivent être également pondérés et hiérarchisés.

Un petit groupe est un organisme vivant. Cela veut dire qu'il vit, mature, croît, produit et meurt. Bien des auteurs se sont attardés à expliciter et à qualifier ces phases, dont Anzieu (1973), Leclerc (1977), Hansen (1982) et Borgen (1987). S'y référer au besoin.

Si, dans leur globalité, ces objectifs intermédiaires de la dynamique doivent respecter le temps alloué à ce petit groupe, par exemple une quinzaine d'heures, ces objectifs pris un à un ont l'avantage d'être perméables au temps psychologique et subjectif, bref à l'intensité. C'est grâce à cette élasticité du temps que, pendant une heure, une personne peut travailler fort, même deux fois plus que d'habitude (Sivadon, 1983; Pineau, 1987). La dynamique et ses objectifs appartiennent donc à la spatialité. C'est pourquoi, dans la tradition du modèle interactionniste, la dynamique devrait être représentée sur l'axe vertical.

Alors seulement, les *objectifs spécifiques* à ce petit groupe pourront être élaborés. Ces objectifs spécifiques devront toujours, et chaque fois, concilier un ou une partie d'un *objectif de contenu* avec un ou une partie d'*objectif de la dynamique*.

Cette conciliation entre le contenu et la dynamique est grandement facilitée lorsque sur une feuille on met, après les avoir pondérés et hiérarchisés, en abscisse les objectifs intermédiaires de contenu, et en ordonnée — d'égale longueur — les objectifs intermédiaires de la dynamique. Alors, il ne reste qu'à tracer une diagonale entre ces deux lignes pour former ce que nous avons appelé le *double axe* (Limoges, 1983, 1984, 1987). La figure 1 le montre bien. Or, c'est sur ce *double axe* que doivent s'articuler les objectifs spécifiques à ce groupe.

Plus le petit groupe préparé et réalisé s'approche de cette diagonale, plus les deux ordres d'objectifs (contenu et dynamique) se trouvent atteints optimalement. En revanche, plus le cheminement théorique ou réel d'un groupe décrit une ligne se déplaçant vers le bas de cette diagonale, plus ce programme sous-utilise la dynamique — voire l'interrompt — et, par conséquent, même si les objectifs intermédiaires de contenu semblent être atteints, cela signifie qu'ils l'ont été dans un autre contexte, c'est-à-dire de façon extrapersonnelle seulement.

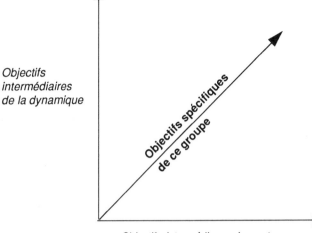

*Objectifs*
*intermédiaires*
*de la dynamique*

*Objectifs spécifiques de ce groupe*

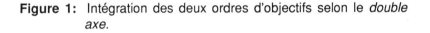

*Objectifs intermédiares de contenu*

**Figure 1:** Intégration des deux ordres d'objectifs selon le *double axe*.

En revanche, lorsque le cheminement du groupe bifurque vers le haut, le responsable et les membres pourront dire que le groupe a été intense et riche, mais ils seront également forcés d'admettre qu'ils n'ont pas évolué quant à la spécificité (c'est-à-dire les objectifs de contenu dudit groupe).

b) Les activités

Les objectifs spécifiques étant ainsi élaborés, il suffit de prévoir des activités pour chacun d'entre eux. Un objectif peut exiger une ou plusieurs activités selon sa complexité et le temps réel que l'on souhaite lui accorder.

Par ailleurs, les particularités de ce groupe, ainsi que le degré d'atteinte des objectifs spécifiques antérieurs, peuvent rendre une activité plus appropriée qu'une autre. C'est pourquoi il est préférable d'avoir quelques activités de rechange, c'est-à-dire un répertoire.

À cette étape-ci, il y a toujours lieu de parler de petit groupe. Pour la première fois cependant, le petit groupe en question devient opérationnellement un programme, puisque les objectifs terminal, intermédiaires et spécifiques ont été précisés, le contenu et la dynamique délimités, la clientèle ciblée, et ainsi de suite.

c) Le format

Le mot «format» représente diverses modalités telles:

- la durée du programme;
- l'intensité du groupe: sur trois fins de semaine, deux heures par semaine, etc.;
- le lieu;
- etc.

Surtout lorsque la clientèle n'est pas captive, c'est-à-dire pas contrainte à venir de quelque façon que ce soit, il est préférable d'avoir des formats optionnels. En revanche, utiliser un format trop vague lors de la publicité ou du recrutement fera fuir des membres potentiels qui cherchent l'organisation et l'efficacité.

## Étape 7. *Préciser les stratégies de recrutement et/ou de sélection des membres*

Particulièrement lorsque la clientèle n'est pas captive, bien des projets de petit groupe meurent à cette étape-ci.

Carriérologues et orienteurs sont comme bien des professionnels d'aide. Ils respectent et sentent tellement leur pouvoir qu'ils en viennent inconsciemment à le craindre. Alors ils font en sorte de ne pas avoir à s'en servir, c'est-à-dire qu'ils occasionnent la «fuite» du client. Ainsi, bien des stratégies de publicité et de recrutement en vue de former un petit groupe font fi des règles élémentaires de sémiologie et de mise en marché. Par exemple, ici on menacera d'annuler le groupe si un minimum d'inscriptions n'est pas atteint (ce qui laisse planer l'idée qu'il y a peu de gens intéressés) et là on fera une circulaire mettant l'accent davantage sur les exigences plutôt que sur les avantages de se joindre à ce groupe.

Quant à la sélection, si sélection il y a, elle peut se faire individuellement (entrevue, étude des dossiers, de fiches de références, etc.) ou collectivement, lors d'une rencontre préprogramme et qui doit être annoncée et perçue comme telle. Si l'hétérogénéité peut être un atout pour un petit groupe (Clouzot, 1981; Kohlberg, 1981), par exemple en ce qui a trait à l'âge, au sexe, à la race ou à la formation et aux stades de développement, l'homogénéité quant à l'objectif terminal du petit groupe nous apparaît essentielle. On ne peut mettre dans le même train des gens partant pour le nord, le sud et l'ouest!

## Étape 8. *Identifier des mécanismes de support et d'analyse*

Dès l'opérationalisation d'un programme pour un petit groupe, il est sage que le responsable prévoie pour lui-même des mécanismes de support, de réflexion et de rétroactions. Le portrait robot de la clientèle (étape 2) en est un premier. Des grilles conçues à partir des théories sur les phases d'un petit groupe en sont un autre.

Le *double axe* également peut être un mécanisme de support. Avant la mise en marche du programme, il en donnera une vue d'ensemble. C'est sécurisant. Pendant le déroulement du programme, il permettra de faire régulièrement le point, comme le capitaine d'un navire, afin de préciser le chemin parcouru, le degré d'atteinte de l'objectif terminal, s'il y a des corrections à faire, etc. Après, il servira à prendre un recul et à faire une évaluation globale.

Expérimenté ou pas, le responsable a avantage à tenir un *cahier de bord* où il consigne faits, impressions, compréhension. Ce cahier peut inclure une sorte de journal intime où l'intervenant va se réfugier et se ressourcer.

D'un autre côté, les membres peuvent tenir un *journal personnel* en lien avec ce programme. Ils peuvent, de façon spontanée ou structurée, le remettre au responsable et/ou le faire lire par un autre membre du groupe. L'information qui s'y trouve renferme souvent la clef de la compréhension d'événements présents ou absents, à première vue disparates. Par ailleurs, quelques commentaires du responsable au bas d'une page de ce journal, peuvent individualiser le programme, enclencher une démarche, réorienter un membre, etc. (Paré, 1984; Lemieux, 1988).

## Étape 9. *Prévoir des mécanismes d'évaluation*

La participation du responsable et des membres dans un petit groupe, surtout dans un petit groupe carriérologique, est trop importante et marquante — sans compter le coût et le temps — pour n'être évaluée que par un bref tour de table vite fait où quelques-uns expriment un sentiment global.

Selon Stufflebeam (1980), elle doit se faire sur plusieurs plans: intra-programme, extra-programme, atteinte des objectifs ponctuellement et sommativement.

## Étape 10. *Publiciser l'expérience*

Nous jugeons cette dernière étape nécessaire parce que les approches de groupe ont besoin d'un second souffle et que le vent semble y être favorable (cf. Épilogue).

Au tournant des années 70, les groupes — surtout les petits — étaient une mode ne reflétant qu'un gigantesque mouvement associatif: syndicats, *flower power,* communes. Puis, comme le dit si bien Rondeau (1980), vint la crise: démobilisation, déception, individualisation, etc.

Depuis quelque temps, les approches de groupe reviennent à la mode, mais bien trop souvent motivées par des arguments opportunistes et mercantiles: restreindre les coûts, rejoindre une plus grande clientèle, économiser du temps pour faire autre chose. Si on en reste là, ce ne sera qu'un feu de paille.

Le souffle dont ont besoin les groupes, le vent qui fera gonfler la voile solidement et longtemps, ne peuvent venir que d'arguments de fond comme:

- le groupe est un microcosme;
- le groupe est un laboratoire expérimental humain sans parallèle;
- le groupe affaiblit la relation dominant-dominé au profit d'une prise en charge personnelle et collective;
- le groupe assure comme nulle autre formule le caractère interpersonnel d'un objet d'apprentissage;
- le groupe est la forme d'aide qui peut le mieux engendrer l'entraide.

Des groupes conçus et réalisés selon ces arguments méritent d'être publicisés et cités en exemple.

Pour rendre ces étapes plus concrètes, voici un exemple portant sur une clientèle — les jeunes — et une occasion — leur insertion professionnelle — qui nous tiennent grandement à cœur[3]. Évidemment, une attention spéciale sera donnée aux étapes 1, 2, 3 et 6, les autres étant peu opérationalisables ici, compte tenu du caractère fictif ou désincarné de cette démonstration.

---

3. Cet exemple est extrait d'une communication faite au congrès de l'Association internationale d'orientation scolaire et professionnelle tenu à Annecy, en France, en septembre 1988.

## 3. *Exemple: l'insertion professionnelle des jeunes par le groupe*

### Étape 1. *Le besoin/problème*

a) Les conditions de réussite de l'insertion professionnelle

L'insertion sociale et professionnelle des jeunes est le problème majeur de la décennie. Le journal *The Times* du 4 février 1983 rappelait que les conditions sociales actuelles ressemblent beaucoup à celles qui ont précédé l'avènement du fascisme en Allemagne.

> En 1933, au moment où Hitler arrive au pouvoir, il y a un tas de jeunes en chômage, aigris et tout à fait prêts à se joindre au mouvement d'extrême-droite. Même chose au début du siècle avec Lénine. (Gauthier, 1983, p. 72)

En conséquence, tout effort visant l'insertion sociale et professionnelle des jeunes se doit de réussir. De plus, l'insertion professionnelle s'avère un moyen tellement efficace pour amorcer et réussir l'insertion sociale que de plus en plus d'organismes l'utilisent à cette fin, par exemple avec des ex-détenus, des ex-psychiatrisés, des handicapés. S'attarder à l'insertion professionnelle en tant que telle n'est donc pas faire preuve de réductionnisme.

Par ailleurs, nous avons déjà démontré (chapitre III) que l'insertion professionnelle est toujours un acte fortement interpersonnel ou collectif, quel que soit l'âge des personnes concernées. Il s'ensuit que les approches du groupe sont tout indiquées, *a fortiori* si ces personnes sont à un stade de socialisation, tels les jeunes.

L'insertion professionnelle peut se faire soit par la recherche/demande d'emploi, soit par la création de son travail. Nous avons également démontré qu'une insertion professionnelle réussie implique toujours quatre dimensions. Brièvement, ces dimensions sont: l'environnement socio-politico-économique, le soi, le lieu et la méthode.

Ces dimensions se complètent et interagissent dynamiquement entre elles pour former ce que nous appelons le *trèfle chanceux* représenté par la figure 2 (Limoges, 1987).

Dans cette figure, la lettre A indique l'intersection couvrant les quatre dimensions. Il s'agit donc du plus haut niveau d'employabilité. Par rapport à la réussite d'une insertion professionnelle, la personne en question est décrite comme étant *prête*.

Quant à l'intersection B, elle représente l'avant-dernier niveau supérieur d'employabilité. Ici, l'individu contrôle dynamiquement les dimensions: soi x lieu x environnement. On dit de cette personne qu'elle est *presque prête* à l'insertion professionnelle.

L'intersection C atteste que la personne concernée contrôle les dimensions: soi x méthode x environnement. Elle est *moins prête* à l'insertion.

En plus d'opérationaliser les trois premières interactions, l'introduction à la dimension environnement socio-politico-économique fait émerger l'intersection D: soi x environnement. Ici la personne est *peu prête* à l'insertion.

Enfin, la position E représente le pôle externe à la démarche d'insertion professionnelle, c'est-à-dire la personne qui ne contrôle aucune des quatre dimensions du *trèfle chanceux*. C'est le plus bas niveau d'employabilité puisque, dans les faits, cette personne est hors de l'espace vocationnel, état représenté dans la figure par le contour ambré. Cette personne n'est *pas prête* pour une insertion professionnelle. Par rapport à celle-ci, la position E est ici considérée parce que, du fait de l'abstraction des quatre dimensions, cette position reconnaît la dynamique individu-environnement et ces quatre dimensions. Cela est tellement vrai que pour une personne en position E, l'insertion professionnelle ne saurait être possible que dans la mesure où cette personne prend conscience de «l'appel du travail» et y répond. Actuellement, elle n'est simplement pas prête! L'espace hors du cercle «environnement» pourrait d'ailleurs être décrit comme le lieu où il n'y a plus de problématiques inhérentes aux études et au travail. En d'autres mots, il s'agirait de l'espace existentiel non vocationnel. Il s'ensuit bien sûr que l'insertion professionnelle ne fait pas partie de cet *autre* espace.

Pour réussir une insertion professionnelle ou pour aider une personne à la réussir, il faut que cette personne atteigne la position représentée par l'intersection A ou tout simplement la position A. Et le meilleur moyen pour l'atteindre est la maîtrise progressive des dimensions selon l'ordre suivant:

1. l'environnement socio-politico-économique (stimulateur) (inter)
2. le soi, connaissance, intérêt, valeur (intra personnel)
3. le lieu, où
4. la méthode, comment
5. l'environnement socio-politico-économique (réacteur cf. chapitre II, occasions de type II).

espe : travail –études reliées, sa culture et, les règles du jeu (administrateur, politique, électeu

80

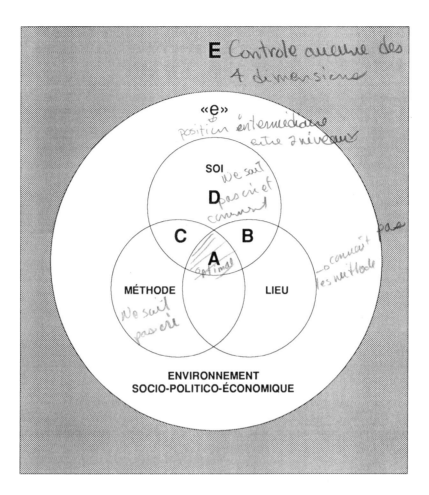

Handwritten annotations on figure:
- E Controle aucune des 4 dimensions
- «e» ↑ position intermédiaire entre 2 niveaux
- SOI Ne sait pas où et comment
- → connaît pas les méthodes
- optimal
- Ne sait pas où

Légende:
— Les quatre cercles représentent les dimensions de l'insertion professionnelle, donc l'espace vocationnel dans un contexte donné.
— L'espace ombré correspond à l'espace non vocationnel ou non carriérologique.
— Les cinq lettres majuscules indiquent les cinq positions de l'insertion professionnelle, la position A étant optimale.
— Le e minuscule représente une position intermédiaire[4].

**Figure 2:** Le *trèfle chanceux* de l'insertion professionnelle (Limoges et Lemaire, 1981, 1987).

---

4. Le e minuscule représente une position intermédiaire entre deux niveaux (voir Limoges, 1987).

b) L'insertion professionnelle: un acte collectif

Mais l'insertion professionnelle — comme tout acte d'orientation — est toujours un acte fortement interpersonnel ou collectif (cf. chapitre III).

Un réexamen des dimensions du *trèfle chanceux* le confirme. Ainsi, dans la dimension *environnement socio-politico-économique,* on ne peut ignorer le fait que cet environnement a été, est et sera marqué par des personnes telles que des politiciens, des administrateurs, des fonctionnaires, des électeurs, etc.

Par ailleurs, l'approfondissement de la dimension *soi* est, bien sûr, un acte fortement intrapersonnel: exploration de ses intérêts, vérification de ses aptitudes, bilan de ses expériences passées, clarification de ses valeurs, etc. C'est pourquoi toute démarche d'orientation et d'insertion implique l'examen de soi.

Néanmoins, du même coup, cette exploration fait ressortir une multitude de gens ayant marqué, en bien ou en mal, ce «soi»: parents, professeurs, frères et sœurs, patrons, confrères et consœurs de classe ou de travail, et qui encore.

Enfin, les dimensions *lieu* et *méthode* font aussi ressurgir des personnes significatives ou marquantes: conseillers en placement, recruteurs, famille, conjoint, membres du comité de sélection, groupe de support, compagnons et compagnes d'atelier, et ainsi de suite.

Pour tout dire, s'insérer professionnellement c'est partir avec et d'avec des personnes pour aller vers d'autres personnes, en passant par des personnes.

Or puisque, comme nous l'avons démontré lors de la description des dimensions du trèfle, l'insertion professionnelle est un acte à la fois intrapersonnel et interpersonnel, il nous semble tout à fait indiqué de privilégier le *petit groupe* pour atteindre et faire atteindre la position optimale d'employabilité, c'est-à-dire la position A.

## Étape 2. *La clientèle*

Les stades d'adolescent et de jeune adulte sont caractérisés par des tâches bien spécifiques telles la socialisation, l'affirmation de soi, le développement de l'identité (Erikson, 1969; Loevinger, voir Limoges, 1988). Les auteurs sont unanimes pour dire qu'au-delà des différences culturelles, le moyen privilégié par les jeunes pour réaliser ces tâches est la camaraderie et le groupe d'appartenance ou le groupe de pairs.

En conséquence, utiliser une approche de groupe pour aider les jeunes dans leur insertion professionnelle n'est en définitive que répondre à leur penchant naturel.

Concrètement, en plus d'aborder l'objet de façons intrapersonnelle et interpersonnelle, ce choix signifie apporter une attention particulière à la dynamique du groupe. Jetons-y un regard plus attentif.

## Étape 3. *L'objectif terminal*

À la suite du travail de ce groupe, les membres auront augmenté significativement leur employabilité telle que définie dans le *trèfle chanceux,* en ayant établi en particulier des mécanismes de support et d'entraide: parrainage, jumelage, etc.

## Étape 4. *La faisabilité*

Ces jeunes étant en transition entre l'école et le marché du travail, et donc sans emploi, il est facile de les regrouper de façon intensive et durant la journée. De plus, bien des organismes publics et parapublics privilégient de tels programmes. Il sera donc pertinent d'obtenir leur support moral et matériel, voire financier.

## Étape 5. *La stratégie publicitaire*

- La stratégie publicitaire se fera à travers les petites annonces d'offres d'emplois des grands quotidiens (parce que c'est la section lue par la clientèle cible).
- Elle présentera le programme comme une formation et non comme une thérapie (cette clientèle a la phobie d'être traitée comme des malades).
- Elle fera ressortir le désir d'augmenter son efficacité en recherche d'emploi et les chances de trouver du travail (aborder les échecs ne ferait que soulever les mécanismes de dénégation).
- Le texte sera court et simple (pour rejoindre les clients ayant un faible niveau scolaire).
- Etc.[5]

---

5. Ces jalons sont le fruit de trois mois d'essais et d'erreurs afin de rejoindre cette clientèle (voir Limoges, 1983, 1987).

## Étape 6. *L'opérationalisation du programme*

Pour concevoir un programme augmentant l'employabilité et misant sur le potentiel du groupe, il est nécessaire, dans un premier temps, de préciser les objectifs intermédiaires de contenu et les objectifs intermédiaires de la dynamique.

a) Les objectifs

i) *Les objectifs intermédiaires de contenu (O.C.)*

Donc, pour constituer un tel groupe ou programme, nous avons besoin de spécifier nos objectifs. Or, comme on vient de le voir, du fait que l'insertion professionnelle n'est possible que dans la mesure où cinq phases (inspirées des quatre dimensions) sont acquises, dans l'ordre et en interaction, du fait aussi que pour atteindre le niveau A d'employabilité, il faut d'abord maîtriser les positions inférieures, il s'ensuit que par rapport à un programme d'insertion professionnelle, les objectifs de contenu sont, sommairement, dans l'ordre chronologique:

- de connaître et de maîtriser la dimension environnement socio-politico-économique actuel à titre de stimulateur de la démarche;

- de se connaître, en tant que travailleur potentiel et en tant que chercheur/créateur d'emploi dans l'environnement socio-politico-économique actuel;

- en plus d'une connaissance à jour de l'environnement, de connaître et de maîtriser le lieu de sa propre recherche/ création d'emploi;

- de connaître et de maîtriser une méthode d'insertion qui sied à soi, à l'environnement, à son lieu d'insertion professionnelle;

- de développer une perception active de l'environnement en question (réacteur).

ii) *Les objectifs intermédiaires de la dynamique (O.D.)*

Précédemment, en optant pour le groupe restreint, nous avons souligné l'importance d'intégrer dans le programme la dynamique du groupe. Entre autres choses, ce n'est qu'à cette condition que les objectifs de contenu de type interpersonnel pourront être atteints. De façon générale, disons que lorsque la dynamique d'un groupe est bien utilisée, elle devient optimale. Le groupe est en quelque sorte un organisme vivant qui naît, croît et meurt.

À titre d'exemple et pour fins de démonstration, retenons la nomenclature de Hansen *et al.* (1980). Ici, la naissance d'un groupe correspond aux phases *amorce* et *conflit-confrontation*. La croissance se fait surtout à travers les phases *cohésion* et *production*. À la fin, vient la phase *dénouement*.

### iii) *Le double axe et les objectifs spécifiques*

Il importe maintenant d'intégrer ces deux ordres d'objectifs. Sans les objectifs intermédiaires de contenu, il n'y a pas de groupe d'orientation, et encore moins de groupe d'insertion professionnelle. Il n'y a qu'un groupe de «sensibilisation», peut-être même de «croissance» et ceux-ci ne font pas ou ne suffisent pas à faire un groupe d'orientation ou d'insertion professionnelle.

En revanche, sans les objectifs intermédiaires de la dynamique, il n'y a pas de petit groupe ni d'approche de groupe. Ce ne seront que des exposés, des séances d'information, un cours magistral, et quoi encore.

Ainsi, dès 1984, afin d'incorporer les deux ordres d'objectifs, nous proposions un *double axe* (Limoges, 1984)[6]. Il s'agit d'une façon de représenter la spatio-temporalité du groupe restreint. Les objectifs intermédiaires de contenu, une fois hiérarchisés et pondérés, sont représentés en abscisse par des chiffres arabes. La hiérarchisation et la pondération sont faites en fonction de la clientèle et du problème et des besoins visés par le programme. Par exemple, ici il s'agit de jeunes et d'insertion professionnelle. Le même traitement est réservé aux objectifs intermédiaires de la dynamique, mais ceux-ci sont représentés en ordonnée par des chiffres romains[7].

Puisqu'ils s'articulent sur le même temps et dans le même espace, ces deux axes sont donc de même longueur et divisés en unités-temps.

Au centre de ces coordonnées est tracée une diagonale; c'est le *double axe* sur lequel s'articule le groupe ou le programme en question. Sur ce *double axe,* en tout temps et en tout lieu, se rejoignent de façon équitable et totale les deux ordres d'objectifs. C'est donc sur celui-ci que doivent se construire les objectifs

---

6.  Nous profitons de la présente communication pour corriger et mettre à jour la technique du *double axe* initialement décrite dans Pelletier et Bujold (1984).
7.  Ces chiffres et ces lettres ne sont que des conventions. Leur uniformisation facilite cependant la compréhension et le transfert de matériel.

spécifiques du programme. Ces objectifs «s'incarnent» ensuite dans des «activités»[8].

Appliquons brièvement ce *double axe* au thème qui nous intéresse, soit l'insertion professionnelle des jeunes.

Les cinq objectifs intermédiaires de contenu sont inspirés du *trèfle chanceux,* c'est-à-dire d'un modèle théorique d'insertion (cf. chapitre II, occasions de type II). Considérant d'une part que la finalité du groupe est l'insertion professionnelle, et d'autre part que la clientèle visée, c'est-à-dire les jeunes, donc des personnes qui ne se connaissent guère, n'ont qu'une vague idée de la réalité (environnement socio-politico-économique), ont un choix limité de lieux d'insertion compte tenu de leur manque d'expérience (et peut-être de formation), mais qui sont déjà sensibilisés par les médias à des méthodes d'insertion — nous avons donc décidé théoriquement de consacrer quatre unités-temps au premier objectif de contenu, cinq au second et trois à chacun des trois autres objectifs. Une fois que nous connaîtrons personnellement les membres du groupe, il n'en tiendra qu'à nous de réviser ce dosage. Ce dosage est indiqué par des marques sur l'axe horizontal de la figure 3.

D'autre part, par rapport à la dynamique, les jeunes ayant généralement la capacité de prendre contact rapidement, nous avons réduit la phase amorce à un minimum, soit une unité-temps. Cependant, afin de s'assurer que ce contact ne restera pas superficiel — car l'insertion professionnelle, selon le *trèfle chanceux,* exige une grande participation personnelle et collective — trois unités-temps sont consacrées à la phase conflit-confrontation. Au-delà, cela pourrait éveiller les comportements défensifs chez ces jeunes, rompre la dynamique et empêcher l'atteinte des objectifs de contenu. C'est pourquoi, par la suite, autant de temps est consacré à la phase de cohésion. Mais s'insérer profession-nellement est un grand projet, qui requiert temps et collaboration. La phase de production répond bien à de telles exigences. Ainsi, huit unités-temps y sont consacrées. Parce que les phases «c-c» et cohésion ont été bien faites, lors de la phase de production, la concertation et le jugement critique seront de rigueur. Viendra enfin le dénouement, phase pénible, surtout pour des jeunes avides de support, de reconnaissance et de contact, mais la production de la phase antérieure deviendra un argument solide et motivant pour transférer ce groupe en structure d'entraide par le jumelage, le parrainage, la relance, etc. D'où la nécessité de consacrer au moins trois unités-temps au dénouement (cf. Axe vertical de la figure).

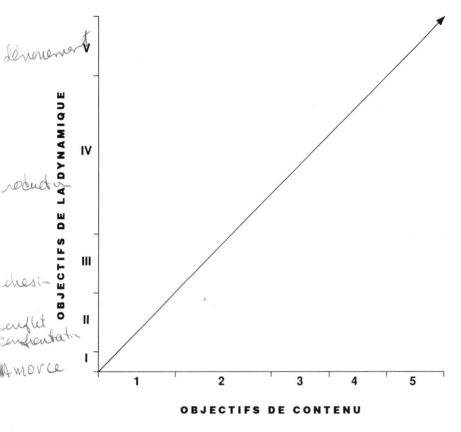

Légende: ⊢───⊣ une unité-temps

**Figure 3:** Démonstration du *double axe* dans le cadre d'un programme d'insertion professionnelle pour jeunes.

Des *cases* peuvent être alors dessinées sur le double axe
pour représenter les activités[8] ainsi que la portion d'objectifs de
contenu et de dynamique visé par ces activités. La base horizontale de ces cases représente le temps réel alors que les côtés
verticaux représentent le temps psychosubjectif, c'est-à-dire l'intensité. De toute évidence, c'est la dynamique qui assure cette intensité. Mais aussi intense soit-il, même ce temps psycho-subjectif
dans sa globalité devra avoir la même durée que le temps objectif.

───────

8. Le mot activité est pris ici au sens large. Ainsi, même une situation où il n'y
   a pas d'exercice, par exemple lors d'un échange entre les membres, est ici
   décrite comme une activité (cf. aussi note 11).

Dans la figure 4, par convention, ces cases sont marquées de lettres majuscules selon l'ordre alphabétique. Du même coup, ces lettres représentent les objectifs spécifiques.

b) Les activités

Si on poursuit l'exemple utilisé plus haut dans l'élaboration du programme, on pourrait obtenir quelque chose comme ceci.

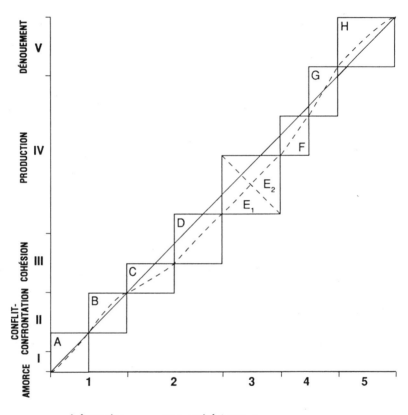

Légende:  une unité-temps

Espace 1. Connaître et maîtriser la dimension ESPE.
Soi 2. Se connaître... travailleur et chercheur potentiel.
lieu 3. Suite... connaître et maîtriser «son» lieu d'insertion.
méthode 4. Connaître et maîtriser «sa» méthode.
Interaction 5. Développer la perception active de ESPE.

**Figure 4:** Intégration des cases selon le double axe hypothétique et représentation du *double axe* réel par une ligne pointillée.

### Case A

Afin d'amorcer le groupe (objectifs de dynamique I ou O.D. I) et de vérifier l'inefficacité (O.D. II) des démarches utilisées jusqu'à ce jour, demander à chaque participant de décrire sa démarche type d'insertion jusqu'à ce jour. Lors du retour sur l'activité, demander aux «participants-écoutants» de faire ressortir les particularités de chacun (O.D. I) et faire refléter le coût affectif des insuccès en insertion professionnelle (O.D. II et objectif de contenu I ou O.C. 1).

### Case B

Exposé-discussion sur la conjoncture socio-politico-économique de l'heure: inflation, technologisation, dénatalité, vieillissement de la population, Tiers Monde, etc. Utiliser des extraits de vidéos ou de journaux pour rendre la discussion plus concrète et inciter à la participation (O.C. 1). À l'aide d'une clarification[9] de valeurs, faire faire un positionnement affectif face à un tel environnement (O.D. II).

### Case C

Fantaisie[10] d'une mine que l'on creuse pour trouver un «trésor» (O.C. 2). Exploration sensorielle de ce trésor et de la façon utilisée pour l'explorer. À ces fins, verbaliser sur sa fantaisie (vidéoscoper cette séquence pour plus tard); aide du groupe dans cette verbalisation (O.D. III).

### Case D

Revoir collectivement (O.D. III et IV) le vidéogramme où chacun décrit son trésor et son exploration afin d'aider chacun à découvrir sa façon de s'exploiter ou de «se vendre» (O.C. 2).

---

9. Le terme «clarification de valeurs» provient d'une technologie d'animation de groupe mise de l'avant par Sidney Simon et ses adjoints (cf. *Values clarification*, N.Y., Hart Publishing Co.). Essentiellement, elle implique: 1° premier positionnement face à une valeur; 2° témoignage et échange face à sa position et à celle des autres membres; 3° repositionnement avec verbalisation des ressemblances ou écarts entre les deux positionnements. Dans un essai de maîtrise, Sauvé (1983) s'est attardé à appliquer cette technique à l'orientation.

10. «Fantaisie» se rapporte à une technique d'exploration aussi appelée «imagerie mentale». Pour en savoir davantage sur cette technique, voir Stevens, J. (1971), *Awareness,* Utah, Real People Press, et Galyean, B. (1986), *Visualisation, apprentissage et conscience*, Sainte-Foy, Centre d'intégration de la personne.

*Case E.1*

Remue-méninges sur les différents lieux où l'on peut aller afin de s'insérer sur le marché du travail. Exposé faisant ressortir qu'habituellement, les gens ne consultent que 16 à 20 p.100 des lieux (cf Limoges, 1987) (O.C. 3). Ensuite, en deux équipes, explorer d'autres lieux. Prime à l'équipe gagnante (O.D. IV).

*Case E.2*

Sur la liste finale des lieux d'insertion (générée à la case E.1), chacun indique *pour* ou *contre* vis-à-vis chacun des lieux. Clarification de valeurs (O.C. 3; O.D. VI).

*Case F*

1. À l'aide d'un vidéogramme ou de jeux de rôle, démontrer deux méthodes de recherche d'emploi types, soit une inspirée du principe masculin et une autre inspirée du principe féminin (Limoges, 1987).

2. Sur le continuum «féminin 3 2 1 2 3 masculin», chacun indique la position qui lui convient personnellement le mieux. Clarification de valeurs (O.C. 4, O.D. IV).

3. Regroupement selon les types ou sous-types pour l'élaboration d'une méthode d'insertion conforme à son principe. Documentation disponible (O.C. 4).

4. Devant tout le groupe, chaque sous-groupe présente sa méthode ou stratégie pour recevoir une rétroaction et assurer la consolidation de la stratégie. Le reste du groupe peut être constitué en avocats de la défense (50 p.100) et de la couronne (50 p.100) (O.D. IV).

5. En sous-groupes, révision et consolidation de sa stratégie. À l'aide de mises en situation, pratiquer les stratégies en question. Retour assisté avec le vidéogramme ou rétroaction du groupe sur les mises en situation. Positionnements fréquents à l'aide de clarification de valeurs (O.C.4).

*Case G*

Les activités de la case F auront souvent permis aux membres d'analyser l'environnement socio-politico-économique et de s'y confronter. Mettre en évidence, par un partage et par la consultation de documents clés, les règles du jeu de cet environnement et de l'insertion professionnelle et amener les participants à «jouer» et à «déjouer» ce jeu (O.C. 4; O.D. IV).

*Case H*

1. Plan d'action. Chacun identifie concrètement un lieu où il pourra pratiquer «sa» méthode. Engagement solennel de passer à l'action. Parrainage de l'action par le sous-groupe d'affinité.

2. Lors de la prochaine séance, retour sur ce premier essai. Support, consolidation, etc. (O.C. 5).

3. Articulation des structures de sous-groupe de support ou de parrainage pour fournir l'aide une fois le programme terminé. Évaluation du groupe à l'aide de «lettres d'amour», c'est-à-dire de petits billets sur lesquels on exprime à certains membres notre reconnaissance pour une aide ou un événement survenus au cours du programme (O.D. V).

La figure 4 donne une vue d'ensemble des activités et de leur répartition[11]. Comme il s'agit d'une démonstration de la technique du *double axe,* nous en avons profité pour démontrer diverses utilisations des cases. Ainsi, pour le premier objectif de contenu, nous avons utilisé deux cases, soit une par activité. Par contre, si on préfère réserver une case par objectif de contenu même si celui-ci est atteint par plusieurs activités, cela donne la situation décrite dans la case E ou dans les descriptions des cases F et G (voir texte plus haut).

On remarquera encore une fois que le temps objectif et astral est représenté par la base des cases alors que le côté vertical correspond au temps psychologique et subjectif.

Enfin, toujours dans la figure 4, une ligne pointillée relie le coin supérieur droit des cases; on obtient le *double axe hypothétique* (c'est-à-dire tel que conçu avant la réalisation du programme).

---

11. Contrairement à ce que nous avons prétendu dans la première version en 1978, une case ne peut régresser, c'est-à-dire revenir sur un objectif déjà couvert. Ce serait neutraliser le temps, ce qui est hors du pouvoir humain. Cependant, un objectif peut être repris, par exemple dans un modèle théorique spiralé. Ainsi, dans un groupe de communication inspiré de la fenêtre de Johari (Luft, 1968), on pourrait avoir:
rétroaction I: verbale,
rétroaction II: non verbale.

Par exemple, ici le *double axe hypothétique* est identique à la diagonale pour les cases A et B. Par la suite, il se déplace légèrement vers l'axe contenu pour les cases D, E, F et G, signifiant que lors de ces activités, le contenu prend un peu plus d'importance que la dynamique. De tels écarts sont acceptables dans la mesure où ils ne sont pas trop grands ni trop longs, sinon l'autre type d'objectif en souffrirait. Ainsi, la dynamique pourrait stagner et il y aurait risque d'un dénouement précoce. Lors de tels écarts, il importe donc que le responsable soit très vigilant et qu'en cours de route, il n'hésite pas à modifier l'activité si nécessaire. Ce *double axe hypothétique* se transformera en *double axe réel,* plus ou moins conforme, au fur et à mesure que se réalisera le programme.

### c) Le format

Pour les raisons énumérées plus haut, le programme durera trente-six heures, à raison de quatre rencontres de trois heures par semaine. Le reste du temps sera consacré à des exercices hors groupe: tenue d'un journal, exercices en lien avec l'objectif spécifique à l'étude, etc.

## Étape 7. *Le recrutement et la sélection des candidats*

Le recrutement et la sélection des candidats se feront par une rencontre individuelle, afin de vérifier les attentes et la motivation de chacun. Cette rencontre servira également à rappeler les objectifs et les exigences du programme. Il y a lieu ici d'éliminer ou de retarder les candidats aux prises avec des besoins et problèmes non carriérologiques qui entraveraient la bonne marche du groupe (ex.: consommation excessive d'alcool, etc.).

## Étape 8. *Les mécanismes de support et d'analyse*

- Le *cahier de bord*.
- Le *double axe* comme une grille de positionnement.
- Etc.

## Étape 9. *L'évaluation*

- Grille de positionnement par rapport à l'atteinte des objectifs à faire remplir par chacun des membres à la fin de chacune des trois semaines.

- À la fin du programme d'évaluation de l'employabilité des membres via une simulation.

- Relance à la troisième et à la sixième semaines après la fin du stage.

## Étape 10. *La publicité*

Compte rendu dans le journal local avec photo des membres.

*

\*   \*

Le petit groupe s'avère essentiel lorsque l'objet de l'apprentissage est d'ordre interpersonnel. Il est également fort à propos pour aborder l'objet de façon intrapersonnelle. Même s'il est adéquat également pour aborder l'extrapersonnel, à moins de raisons conjoncturelles, il s'avère un instrument trop fin et trop coûteux. Avoir soin de l'utiliser seulement au bon moment devient un argument pertinent et puissant pour le demander et l'exiger lorsque le temps et le lieu sont venus, c'est-à-dire lorsque l'objet est abordé de façon intra et surtout interpersonnelle.

C'est pourquoi dans le chapitre suivant, pour répondre aux autres façons et aux objectifs extrapersonnels, nous aborderons le moyen groupe.

# VI

# LE MOYEN GROUPE EN CARRIÉROLOGIE

## 1. *Conditions*

La carriérologie s'inspirant du modèle interactionniste individu-environnement, globalement, elle requiert toujours un aspect extrapersonnel afin de saisir et d'aborder cet environnement. En revanche, il fut maintes fois démontré que la carriérologie, l'orientation en particulier, implique toujours un aspect intrapersonnel.

Si la loi de l'attraction du pôle droit limite l'interpersonnel au petit groupe, elle nous amène à considérer le moyen groupe comme le plus approprié à l'intrapersonnel. Et à cause du modèle interactionniste qui sous-tend l'orientation et la carriérologie, il en est ainsi pour l'extrapersonnel. En effet, le modèle interactionniste appelle un schéma de communication fondé sur la rétroaction et celle-ci n'est guère compatible avec un schéma de diffusion ou de grand groupe. D'où la nécessité d'un moyen groupe pour aborder également l'extrapersonnel.

Et comme le moyen groupe fut depuis longtemps la structure d'apprentissage privilégiée en éducation, il est évident que sous diverses appellations telles «la classe», le «grand groupe» (cf. chapitre IV), le «groupe classe», beaucoup a été écrit sur celui-ci (Johnson, 1974; Gordon, 1979). En conséquence, nous nous limiterons à ne faire ressortir que ce qui est pertinent à la carriérologie.

En affirmant que dans un modèle interactionniste, le moyen groupe est approprié à l'intrapersonnel et à l'extrapersonnel, nous ne faisions qu'appliquer le premier critère de décision énoncé au chapitre IV.

L'application des trois critères qui suivent amène à considérer les ratios contenu/dynamique et cognitif/affectif ainsi que le partage des rôles et des fonctions. Dans les trois cas, il ressort qu'en intra et extrapersonnel, le contenu, le cognitif et le partage des rôles sont égaux ou supérieurs à la dynamique, à l'affectif et au nombre de rôles et de fonctions assignés par le responsable.

Enfin, le cinquième critère amène à la conclusion qu'ainsi conçu, un moyen groupe peut accommoder entre quinze et quarante membres.

## 2. *Contenu*

Si, dans le petit groupe, la dynamique doit primer, dans le moyen groupe c'est le contenu qui prend le dessus. Plus précisément, le contenu est à peine quantitativement supérieur dans le moyen groupe centré exclusivement sur l'intrapersonnel. (C'est pourquoi l'intrapersonnel peut être aussi bien abordé par le petit groupe, vu sa position mitoyenne.) Mais le contenu devient prioritaire lorsque l'extrapersonnel domine. Dans ce cas-ci, tel que mentionné au chapitre I, ce contenu est constitué d'éléments notionnels qui sont justifiés et organisés par des principes structuraux ou abstraits, lesquels sont à leur tour unifiés par quelques grands principes idéologiques. D'une part, les niveaux supérieurs de cette hérarchie constituent des zones d'ancrage pour l'acquisition des niveaux subalternes (Ausubel, 1969; Limoges, 1980). D'autre part, cette structure hiérarchique donne à ces éléments un caractère plus ou moins universel souvent décrit comme «objectif» (Dupont, 1982).

Mais même si cette connaissance peut être qualifiée d'objective, il n'en demeure pas moins que lorsqu'elle sert à des fins carriérologiques, elle doit être adaptée aux individus récepteurs de cette connaissance. En d'autres mots, cette connaissance doit être présentée et abordée en considérant les stades de développement des individus, par exemple leurs stades intellectuels et égologiques sinon, loin de rejoindre les individus, cette connaissance les laissera indifférents, réfractaires même.

Communiquer les éléments notionnels nécessite au préalable que l'intervenant — l'émetteur — se mette dans la peau des récepteurs (cf. Selman, dans Limoges, 1988).

## 3. *Opérationalisation*

Lorsqu'on désire aborder ce contenu — en d'autres mots cette information objective — en groupe et bénéficier ainsi de la dynamique potentielle du groupe, on obtient le moyen groupe. De fait, cette dynamique servira à canaliser la dimension subjective de toute information, de toute connaissance, si objective soit-elle.

Cela peut se faire au moins de trois manières, c'est-à-dire:

- préparer à accueillir un contenu,
- soutenir et activer l'acquisition d'un contenu,
- intégrer un contenu.

### a) *Préparer à accueillir un contenu*

Une personne aux prises avec un stress, un préjugé, une inquiétude, ou souffrant d'un manque de concentration pour diverses raisons, est incapable d'accueillir pleinement et adéquatement un contenu. Bien des auteurs affirment, et des recherches scientifiques tendent à le confirmer, qu'une personne bien concentrée n'utilise qu'une faible partie de son cerveau et que cette part tombe au tiers après une vingtaine de minutes d'attention. Préparer à accueillir un contenu s'avère donc primordial.

Méthodologiquement, cette préparation peut se faire en utilisant des techniques de relaxation, de concentration ou encore des techniques favorisant l'ouverture telle la clarification de valeurs (Simon, 1972). Nous en donnerons les grandes lignes en annexe.

### b) *Soutenir et activer l'acquisition d'un contenu*

«Deux têtes valent mieux qu'une», dit le proverbe.

Il est indéniable que le groupe — tel le moyen groupe — peut faciliter et agrémenter l'acquisition d'un contenu.

Parce que le contenu propre à la carriérologie — aussi appelé information scolaire et professionnelle — est complexe et difficile d'accès, l'aborder collectivement s'avère un atout. Ainsi le groupe peut servir au partage et à l'apprivoisement de l'information, à la ventilation face à sa complexité ou à sa nature contraignante. Par l'échange de points de vue qu'il suscite, le groupe permet aux participants de voir cette information autrement, bref de prendre un recul face à elle.

Méthodologiquement, on peut penser au *groupe de tâche*, où l'originalité et le potentiel de chacun des membres est mis à profit dans la quête du contenu.

St-Arnaud (1978) a fait ressortir que l'optimalisation d'un groupe de tâche passe par une phase où tous les membres tentent de se centrer sur ladite tâche, ce qui, inévitablement, soulève des tensions entre les membres. Alors vient une deuxième phase centrée sur les relations interpersonnelles. Le groupe ne devient optimal que lorsque les participants peuvent assurer à la fois la tâche et les relations interpersonnelles.

Une fois cette optimalisation obtenue, il y a lieu de la soutenir. À cette fin, Gordon (1979), dans un style imagé qui lui est propre, propose la résolution de problème sans perdant, c'est-à-dire la solution qui départage équitablement les gains et les pertes inhérents à une prise de décision collective. L'auteur a démontré qu'ainsi chacun des membres demeure actif et mobilisé pour la tâche. Alors le responsable évite d'avoir à exercer une fonction peu enviable, «celle de faire de la discipline» (cf. Beal, 1969).

Par ailleurs, s'il s'agit de rejoindre un contenu de façon intrapersonnelle, la méthodologie du *groupe de croissance* est tout indiqué. Comme il a servi d'exemple lors de la description du groupe ayant pour objet l'intrapersonnel (cf. chapitre IV), nous n'en dirons pas davantage, invitant le lecteur intéressé à relire ce passage.

### c) *Intégrer un contenu*

L'intégration d'un contenu, soutient Pelletier (1984) ne se fait que si la personne concernée réagit émotivement à celui-ci (i.e. ventiler) et ensuite généralise ledit contenu (i.e. symboliser).

Bien des contenus propres à la carriérologie parviennent intensivement et massivement aux individus: films, exposés, conférences, monographies, visites industrielles, stages. Plus ce bloc d'information est substantiel, plus les temps de verbalisation et de symbolisation deviennent nécessaires.

Méthodologiquement, le *retour d'intégration* (décrit en annexe) et la *clarification de valeurs* sont fort à propos. En revanche, si cette information doit avoir un impact sur les agirs et les décisions à prendre par les personnes, la technique du *dilemme moral* est tout indiquée. Vous trouverez un exemple en annexe.

Les étapes d'application du  moyen groupe sont à toute fin pratique celles décrites au chapitre précédent, mais fortement miniaturisées puisque, le  moyen groupe étant centré sur le contenu, sa durée de vie peut être très courte, par exemple moins d'une heure. Bien des séances de cours au secondaire ne durent que quarante-cinq minutes!

Cependant, cette séance fait sans doute partie d'une série ou d'un cycle. Si les étapes peuvent être utilisées de façon microscopique pour planifier une séance, ces mêmes étapes peuvent également servir à planifier l'ensemble des séances, donc de façon macroscopique.

Bien plus, on pourrait encore écrire sur le traitement d'un contenu à des fins de communication. Pour ne pas prolonger indûment ce chapitre, nous n'avons abordé que les points soulevés par l'utilisation du moyen groupe en carriérologie.

# ANNEXE

Pour les lecteurs moins familiers avec certaines méthodes et techniques proposées dans ces chapitres, nous ferons une brève description et une démonstration de celles les plus souvent citées.

## *Le retour d'intégration*

### *Description*

Comme son nom le laisse entrevoir, il s'agit d'une technique visant à intégrer subjectivement un contenu objectif.

Elle est une application directe du modèle interactionniste décrit au chapitre I et, sous plusieurs aspects, s'apparente aux phases et jalons des occasions de type III dans le chapitre II. Un exemple est donc superflu.

### *Rôle du groupe*

À l'aide de partages et de comparaisons de points de vue différents, l'échange en groupe permet d'identifier les blocages face au contenu en question. Leur verbalisation leur donne une dimension réelle, facilitant ainsi leur intégration.

## *La clarification de valeurs (C. de V.)*

### *Description*

Cette technique vise à encadrer un contenu objectif de deux positionnements subjectifs, l'un avant et l'autre après le contenu. Ces positionnements subjectifs sont faits habituellement à l'aide d'une échelle ou d'un choix multiple. Les buts d'une clarification de valeurs sont:

— prendre conscience de ses valeurs et comportements;

— à la suite d'une confrontation, les consolider, les changer et les modifier selon le cas.

Ce processus, selon Kirchenbaum (1977) demande de réfléchir, de ressentir, de choisir, de communiquer et d'agir. Antérieurement, Raths (1966) avait résumé ainsi une clarification de valeurs:

— Privilégier ses convictions et ses comportements:

• privilégier et valoriser;

• s'approprier son choix et l'affirmer publiquement.

— Opter pour ses convictions et ses comportements:

• choisir à partir d'alternatives;

• choisir en tenant compte des conséquences possibles;

• choisir librement.

— Agir selon ses convictions:

• agir (passer aux actes);

• développer un style d'action consistant et constant par rapport à son choix.

Donc, ici, pas question de consensus, comme dans la résolution de problème sans perdants, ou de questions d'ordre moral comme dans le dilemme. Ce ne sont que des questions de préférences, aussi importantes et mobilisantes soient-elles.

## Rôle du groupe

Dans la clarification de valeurs, le groupe remplit deux fonctions primordiales. D'abord, il est le récipiendaire de l'énoncé public de la conviction et du comportement qui anime le participant. Ensuite, il suscite la confrontation de cette conviction. En cela, il reflète la société tout entière. C'est pourquoi les membres qui sortent d'une clarification de valeurs, selon les auteurs précédemment cités, sont moins défensifs ou conformistes, moins négatifs ou empathiques, plus sûrs et plus respectueux d'eux-mêmes en interaction avec l'environnement et la personne qu'ils côtoient (Sauvé, 1983).

## Le dilemme moral (D.M.)

### Description

Pour qu'il y ait dilemme moral, il faut d'une part que l'enjeu concerne une personne, et d'autre part que cet enjeu implique une décision à prendre.

Les participants sont invités à se mettre dans la peau de cette personne, ensuite à prendre la décision, enfin, et surtout, à justifier avec toutes les raisons possibles pourquoi leur décision est la meilleure.

La confrontation des justifications amènera les participants à identifier la raison qui leur semble la meilleure.

Selon Kohlberg (1981), cette raison permet d'une part d'identifier le stade moral du participant (plusieurs dilemmes doivent être traités afin d'établir le stade d'un individu) et d'autre part d'amorcer une activation vers un stade suivant grâce à des arguments conçus selon le stade immédiatement supérieur à celui du participant. (Ces arguments peuvent venir du responsable ou d'autres membres du groupe déjà à ce stade-là, d'où la nécessité d'un groupe moralement hétérogène.)

Les buts du dilemme moral sont la consolidation, l'affirmation et l'activation du développement moral des personnes, développement qui conditionne toute prise de décision, y compris celles reliées à la dynamique individu-étude-travail.

Les principaux jalons pour l'élaboration d'un dilemme selon Galbraith (1976l) et Ladenburg (1978) sont:

— Choisir pour le dilemme un contenu consistant avec le but du cours ou de la séance.

— Identifier un dilemme moral impliquant des jugements à propos de ce qui est «bien» et de ce qui est «mal» et non à propos d'expériences, de préférences, de simples choix, de valeurs. Selon Kohlberg, les enjeux se rapportent généralement à des décisions touchant les us et coutumes sociales, les droits et libertés, la vie, la vérité, la propriété, l'autorité (cf. les seize angles tels que présentés par Rainville, 1980). Les mots «devrait», «serait justifié de», «juste» et «bien (correct)» sont privilégiés dans les questions se rapportant aux choix moraux. À titre d'exemple: «Pourquoi une mère esclave a-t-elle tué son enfant?», ne serait pas une question morale, mais par contre: «Aurait-elle dû faire cela?» en serait une.

— Chercher des enjeux moraux où une personne doit décider entre deux options clairement différentes, mais de force égale. Ainsi, un jeune homme termine son collège. Devant la demande de son vieux père malade d'assurer le fonctionnement du commerce qu'il a fait fructifier pendant vingt ans et qui lui a permis de payer les études de son fils, le jeune homme en question doit décider s'il accepte l'offre de son père ou s'il poursuivra ses études comme il l'a toujours souhaité. Donc, faire en sorte qu'il n'y ait pas de solutions qui permettraient d'éviter de faire un choix moral.

— Établir le conflit moral conformément aux stades de développement moral correspondant le plus au groupe, par exemple, élémentaire: stades 1, 2 et 3; premier cycle du secondaire: stades 2 et 3; deuxième cycle: stades 2, 3 et 4.

— Choisir comme principaux «acteurs» du dilemme des personnages familiers aux participants. Exemple: pour les plus jeunes, utiliser confrères, professeurs, parents, policiers. Pour les plus âgés, utiliser travailleurs, instructeurs d'équipe.

— Limiter le dilemme à trois ou quatre «acteurs» qui sont impliqués dans le processus de prise de décision ou dans les conséquences de cette prise de décision. Dans une décision touchant ce jeune homme, le père, le jeune homme, son professeur, son amie. Chacun de ces acteurs représentera un point de vue différent.

Utiliser un «protagoniste» caricaturant fidèlement le groupe de personnes que l'on veut utiliser, c'est-à-dire l'«essence» des conditions qui sont propres à ce groupe. Par exemple, le gros Giguère pour représenter un homme d'affaires jovial, superficiel et opportuniste. Dans le dilemme, c'est cet acteur qui a à prendre la décision et c'est à lui qu'il faut s'identifier pour analyser le dilemme.

Une fois le corpus complété et maîtrisé, l'animateur peut alors choisir une méthodologie appropriée, allant de la simple discussion en passant par les jeux de rôle, les mises en situation, les procès, etc. Dans le but de stimuler la discussion ou de l'orienter lors d'une impasse, des suppléments d'information peuvent être prévus et ajoutés au besoin.

## Rôle du groupe

Lorsqu'il est suffisamment hétérogène quant au développement moral, le groupe sert à activer le raisonnement des participants, forçant ceux-ci à utiliser le maximum de leur stade de développement, voire à amorcer le suivant.

Alors, dans des situations plus complexes, ces personnes seront mieux instrumentées pour décider (cf. Limoges, 1988, Bergeron, 1984).

# ÉPILOGUE

De par leur spécificité qui est la dynamique individu-étude-travail, de par les occasions où elles se manifestent avec intensité, de par le modèle interactionniste auquel elles se rattachent, la carriérologie en général, et l'orientation en particulier, convergent vers les approches de groupes.

Et comme leurs enjeux sont surtout d'ordre intrapersonnel et interpersonnel, sans négliger pour autant l'extrapersonnel, les groupes petits et moyens sont tout à fait appropriés.

Jusqu'à maintenant, nous avons parlé de groupes en carriérologie et en orientation comme ayant un responsable, que celui-ci soit appelé animateur, modérateur, leader, etc. Quoi qu'il en soit, à cause des objectifs complexes et spécifiques à la carriérologie comme dans le cas de groupes d'orientation, ce responsable devrait être un carriérologue. Or, d'un côté le rôle de ce responsable est d'assurer et de stimuler les processus interpersonnels entre les membres et entre lui et les membres. C'est la première condition pour qu'un groupe existe et pour qu'il serve à l'orientation carriérologique des membres. Mais d'un autre côté, comme dans tous les petits groupes formels et surtout comme dans tout groupe d'orientation, il revient surtout au responsable d'enclencher des démarches intrapersonnelles inhérentes à toute interaction avec la dynamique individu-étude-travail.

En revanche, si, tout au long de ce livre, nous avons insisté pour écrire et dire «orienter et s'orienter», c'était d'abord pour rappeler constamment que carriérologie et orientation sont avant tout des actes naturels pour la personne. C'était ensuite pour nous rappeler que l'orientation carriérologique est essentiellement une démarche ou un processus interpersonnel. Mais c'était aussi pour souligner que des groupes carriérologiques «sans responsable»

# TABLEAU I

## Évolution historique des groupes (essai de synthèse)

| générations | période | prototype | finalités | lacunes | évolution des groupes carriérologiques |
|---|---|---|---|---|---|
| 1re | sommet: fin des années 60 | les dynamiques de groupes | extrapersonnel | intrapersonnel | |
| 2e | sommet: fin des années 70 | les groupes de croissance | intrapersonnel | interpersonnel | |
| 3e | début avec les années 80 | les groupes d'entraide sans responsable | interpersonnel | extrapersonnel | actuellement |
| 4e | à venir avec les années 90 | (entraide + expert) | extra + inter + intra | ? | prospective ᐅ 0 0 0 0 0 0 0 0 ᐅ |

sont possibles. Et ne pas avoir souligné ce fait aurait été ignorer un mouvement dynamique et puissant de la présente décennie, celui des groupes d'entraide (Ferguson, 1980).

Or, lorsque nous examinons des groupes d'entraide vocationnelle comme les *Executives Available,* Eureka, Café-Chô[1], il faut bien admettre que ces groupes sont, à première vue du moins, aussi efficaces que tout autre groupe d'entraide et même, dans certains cas, que tout autre groupe d'orientation. Par exemple, en ce qui a trait au placement, certains groupes d'entraide vocationnelle ont un rendement comparable aux clubs de placement (Limoges, 1984). Encore une fois, cela est dû au fait que l'orientation est d'abord et avant tout interpersonnelle.

Néanmoins, il y aurait lieu de se demander si ces groupes d'entraide vocationnelle — donc sans responsable — sont aussi efficaces que les groupes avec responsable sur tous les plans, en particulier en ce qui a trait à la thématique extrapersonnelle. On sait déjà que c'est autour de cette thématique que, sur le plan de l'aide individuelle, le clivage se fait entre l'efficacité des carriérologues professionnels et celle des entraidants vocationnels (Limoges, 1982, 1985).

Nous faisons l'hypothèse que si, d'un côté, les groupes d'entraide vocationnelle *sans* responsable formel sont particulièrement efficaces à stimuler le support, les dynamiques *interpersonnelles* et les prises en charge collectives et que si, d'un autre côté, les groupes d'orientation *avec* carriérologues professionnels atteignent mieux les objectifs *intrapersonnels* et *extrapersonnels*, l'avenir sera dans une forme de «groupes d'entraide *avec* professionnel». À première vue, cela semble paradoxal, mais c'est souvent dans la réconciliation des contradictions qu'il y a sagesse, nouveauté et efficacité accrue (voir tableau I).

Mais avant d'arriver là, c'est-à-dire à ce que nous appelons la quatrième génération de groupes, il faudra s'assurer que les groupes actuels en orientation et en carriérologie quittent une fois

---

1. *Executives Available* est un regroupement montréalais d'ex-cadres qui misent sur l'entraide afin de se réinsérer sur le marché du travail. Lorsqu'un membre a atteint cet objectif, il sert de ressource et de témoignage pour les autres. *Eureka* exploite une formule comparable à celles de *Executives Available* pour les gens dans la quarantaine.
*Café-chô* (ou café chômeur) était un centre de jour pour les sans-emploi de la région sherbrookoise. Il était issu du Groupe éducation-chômage, lequel lui servait également de ressource et de cautionnement.

pour toutes la deuxième génération, c'est-à-dire qu'ils cessent à toute fin pratique de ne viser que l'intrapersonnel. Cette tendance est aussi irréaliste, inappropriée et vouée à l'impasse que la première génération de groupes qui, elle, se limitait à la dynamique du groupe en tant que telle, donc pratiquement à l'extrapersonnel. En ces temps-là, la dynamique de groupes était perçue comme une fin en soi. Des gens sortaient meurtris de ces groupes. C'est pourquoi, après cette première génération de groupes, il y a eu un creux et l'approche de groupe a perdu sa popularité jusqu'à l'arrivée des groupes de croissance.

Actuellement, nous vivons un phénomène identique face à cette seconde génération de groupes. En effet, bien des gens reprochent actuellement aux groupes de croissance de ne faire que nourrir des illusions de serre chaude et encourager que la démobilisation sociale (Schur, 1976; Rondeau, 1980). En carriérologie, cela explique en partie le présent déclin de la popularité des groupes d'orientation dans certaines écoles, certains collèges, dans certains centres d'emploi et chez certains professionnels.

Quant à nous, nous avons la certitude que nous sommes, avec l'ère du verseau, à l'aube de la troisième génération de groupes, c'est-à-dire des groupes centrés sur l'interpersonnel. Cette troisième génération attirera autant d'adeptes et provoquera autant d'envoûtement que les deux précédentes; peut-être plus puisqu'elle aura de plus en plus tendance à engendrer des groupes sans leaders ou sans responsables professionnels par souci d'égalité et de prise en charge (Guay, 1984). Si, par hasard, ces groupes siègent avec un responsable formel, celui-ci sera beaucoup plus psycho-technocrate que psychopaternaliste (d'Unrig, 1974). Autrement dit, à la troisième génération des groupes, le gourou aura été remplacé par un «grand frère» bien expérimenté.

Éventuellement, participants et responsables découvriront les fonctions et les rôles clés propres au responsable formel et les uns et les autres chercheront à incorporer ce «membre» essentiel dans leur groupe. C'est à ce moment-là qu'on aura maîtrisé tout le potentiel réel du groupe puisque l'inter comme l'intra et l'extrapersonnel seront simultanément atteints. Alors naîtra la quatrième génération de groupes où aide et entraide se marieront.

Mais puisqu'il faut être de son temps, pour la majorité des carriérologues actuels, il faut d'abord au moins engendrer des groupes carriérologiques de la troisième génération s'ils veulent vraiment être à jour et aider les personnes qui leur sont confiées. Déjà, les deux tiers de ces personnes souhaitent se placer et s'orienter en groupe[2].

Concrètement, en carriérologie cela signifie que le groupe, loin de devenir une serre chaude coupée de toute réalité, doit au contraire refléter cette réalité, c'est-à-dire devenir un microcosme du macrocosme. Ainsi, dans les groupes de deuxième génération, chacun des participants devait être pour l'autre un «mini-thérapeute» et un «mini-conseiller». Lorsqu'un membre était sur la sellette, le responsable et *tous* les autres membres devaient être là pour le comprendre, l'aider, l'accueillir. C'était merveilleux, mais peu réaliste!

Dans les groupes de troisième génération, ces fonctions d'aide, d'écoute et d'accueil sont surtout assumées par le responsable alors que les fonctions des membres, entre autres, consistent, avec un minimum de tact, à refléter l'environnement passé, présent et futur de ce membre, et surtout à refléter les personnes qui font cet environnement, quels que soient le temps et l'espace. Si ces «reflets» bouleversent le membre, créent chez lui une dissonance cognitivo-affective trop intense — bref reflètent bien la vie courante —, alors le responsable fournira à ce membre et au «réflecteur» l'aide et le support nécessaires pour le rétablissement de l'interaction individu-environnement. Ce faisant, ce membre et ce «réflecteur» auront de l'emprise sur cette réalité.

Conséquemment, tout en étant réaliste, le groupe de troisième génération est tout aussi aidant que les précédents. Il est de plus une étape majeure dans l'intégration des objectifs intrapersonnels et des objectifs interpersonnels dans un seul et même groupe.

---

2.  La dernière partie de cet épilogue s'inspire de la conclusion donnée au texte *Orienter et s'orienter en groupe*, Limoges, 1986.

# POST-SCRIPTUM

Au moment où j'ai écrit ce manuscrit, je disais qu'il s'agissait de mon testament professionnel et j'expérimentais une telle dynamique personnellement. En revisant les épreuves typographiques quelques mois plus tard, ce mot me rejoint toujours, mais il me semble que je devrais l'écrire ainsi: test-amant.

C'est mon test en tant qu'amant des groupes, en particulier des groupes d'orientation. Il est dédié à tous les amants du groupe.

*J.L.*

# RÉFÉRENCES

ANZIEU, D., MARTIN, J.-Y. (1973). *La dynamique des groupes restreints.* Paris, P.U.F.

ARDOINO, J. (1968). *Propos actuels sur l'éducation.* Paris, Dino.

AUSUBEL, D., ROBINSON, F. (1969). *School learning.* New York, HRW.

BEAL, G. *et al.* (1969). *Les secrets de la dynamique des groupes.* Paris, Chotard et ass.

BEAUCHAMP, A. *et al.* (1976). *Comment animer un groupe.* Montréal, Editions de l'Homme.

BERGERON, M.-L. (1984). *Les dilemmes moraux: une nécessité en orientation* (essai de maîtrise). Sherbrooke, Faculté d'éducation, Université de Sherbrooke (non publié).

BLANCHET, L. (1984). Un inventaire d'intérêts «activant», *dans* Pelletier et Bujold.

BORGEN, W. *et al.* (1987). *Employment groups: the counselling connection.* Ottawa-Hull, EIC.

BRIDGES, W. (1980). *Transitions.* Reading, Mass., Addison-Wesley.

BUJOLD, C. *Théories du choix et du développement de la carrière* (titre provisoire) (en préparation).

CLOUZOT, O., BLOCH, A. (1981). *Apprendre autrement.* Paris, Organisation.

COAN, R. (1977). *Hero, artist, sage or saints?* New York, Columbia University Press.

C.R.E.S.A.S. (1987). *On n'apprend pas tout seul.* Paris, E.S.F.

CRITES, J. (1969). *Vocational psychology.* New York, HRW.

DAUDET, A. (1972). *Lettres de mon moulin.* Paris, Flammarion.

D'HAINAULT, L. (1980). *Des fins aux objectifs en éducation*. Bruxelles/ Paris, Labor/Nathan.

DIONNE, R. (1981). *Modèles d'élaboration d'une activité éducative*. Montréal, Presses de l'Université de Montréal.

DODIER, P. (1987). *La carriérologie appliquée* (monographie). Montréal, Association internationale de carriérologie appliquée.

DUPONT, P. (1982). *Exploration du monde du travail*. Sherbrooke, Université de Sherbrooke.

D'UNRIG, M.-C. (1974). *Les techniques psycho-sociologiques dans la formation, usage et abus*. Paris, ESP.

ERIKSON, E. (1969). *Enfance et société*. 2e édition. Neuchatel, Delachaux et Niestlé.

FERNANDEZ, J. (1988). *Réussir une activité de formation*. Montréal, Saint-Martin.

FREUDENBERGER, H., NORTH, G. (1987). *Le burn-out chez la femme*. Montréal, Transmonde.

GALBRAITH, R., JONES, T. (1976). *Moral reasoning*. Anoka, Greenhaven Press.

GAULLIER, X. (1988). *La deuxième carrière*. Paris, Seuil.

GAUTHIER, J.-L. (1983). «Avoir 20 ans, la belle affaire», *Châtelaine*, avril.

GILLIGAN, C. (1986). *Une si grande différence*. Paris, Flammarion.

GORDON, T. (1979). *Enseignants efficaces*. Montréal: du Jour.

GOULDING, R. (1972). «New directions in transactional analysis, creating an environment for redecision and change», *dans* J. Sager et H. Kaplan, *Progress in group and family therapy*. New York, Brunner/ Mazel.

GROSSIN, W. (1974). *Les temps de la vie quotidienne*. Paris, La Haye Mouton.

GUAY, J. (1984). *Le professionnel face à l'école naturelle*. Chicoutimi, Gaétan Morin.

HANSEN, J. *et al.* (1982). *Group counselling*. 2e éd. Chicago, Rand McNally.

HARMIN, M. *et al.* (1973). *Clarifying values through subject matter*, Minneapolis, Winston Press.

HUBER, W. (1977). *Introduction à la psychologie de la personnalité*. Bruxelles, Mardaga.

IRIGARAY, L. (1984). *Éthique de la différence sexuelle*. Paris, Minuit.

JOHNSON, L., BARRY, P. (1974). *Conduite et animation de la classe*. Paris: Bordas/Dunod.

KIRCHENBAUM, H. (1977). *Avanced value clarification*. La Jolla, University associates.

KOHLBERG, L. (1981). *Essays on moral development*. New York, Harper & Row.

KUBLER-ROSS, E. (1977). *La mort*. Montréal, Québec/Amérique.

LADENBURG, T., LADENBURG, M., SCHARF, P. (1978). *Moral education: a classroom workbook*. Davis, Responsible action.

LANGUIRAND, J. (1987). *Burnout*. Montréal, Québec/Amérique.

LARRIVÉE, M. *et al.* (1972). *Groupe et croissance personnelle*. Montréal, IFG/CIM.

LECLERC, J.-M. *et al.* (1977). *Dossier sur l'enseignement: symptômes, méthodes, techniques*. Montréal, Service pédagogique de l'Université de Montréal.

LEMAIRE, R. (1988). La compétence temporelle des personnes en chômage. *Santé mentale au Québec, 12(*2).

LEMIEUX, J. (1988). *Application du journal personnel en orientation* (essai de maîtrise). Faculté d'éducation, Université de Sherbrooke (non publié).

LIMOGES, J., LEMAIRE, R. (1976). *Approche conceptuelle du contenu d'ISEP*. Québec, Ministère de l'Éducation.

LIMOGES, J. (1977). Recherche descriptive sur les concepts sous-jacents au contenu d'orientation. *Conseiller canadien, 11*(2).

LIMOGES, J. (1980). L'approche conceptuelle en orientation: un bilan positif. *Revue des sciences de l'éducation, 6*(2).

LIMOGES, J. (1981A). Le modèle interactionniste de Nuttin appliqué à l'intervention et à la formation en orientation. *Orientation professionnelle, 17* (3).

LIMOGES, J. (1981B). L'interaction individu-environnement comme objectif fondamental du curriculum scolaire, dans *L'école et les valeurs*. Québec, Fleury/Arc.

LIMOGES, J., PAUL, D. (1981). *Le développement du moi*. Longueuil, Prolingua, distribué par La Bibliairie, Université de Sherbrooke, Québec.

LIMOGES, J. (1982). *S'entraider*. Montréal, de l'Homme, distribué par La Bibliairie, Université de Sherbrooke, Québec.

LIMOGES, J. (1983). La relation dynamique individu-travail ou l'orientation à la recherche de ses origines. *Orientation professionnelle, 19* (1).

LIMOGES, J. *et al.* (1983). *Chômage, mode d'emploi*. Montréal, de l'Homme.

LIMOGES, J. *et al.* (1983). *Conception, expérimentation et évaluation d'un programme visant l'amélioration des relations inter-ethniques en milieu secondaire* (rapport). Sherbrooke, CRI/Université de Sherbrooke.

LIMOGES, J. (1984). Les groupes en orientation, *dans* Pelletier et Bujold.

LIMOGES, J. (1984). La recherche d'emploi: une question de principes. *Orientation professionnelle, 19*(3).

LIMOGES, J. (1985). L'orientation professionnelle par les pairs adolescents. *CONNAT, 11.* Hull, EIC.

LIMOGES, J. (1986). Orienter et s'orienter en groupe, *CONNAT, 13.* Hull, EIC.

LIMOGES, J., HÉBERT, R. (1988). *Développement en tête.* Sherbrooke, CRP, Faculté d'éducation.

LIMOGES, J., LEMAIRE, R. (1985). *Optimalisation de l'approche groupe dans les centres d'emploi* (rapport). Hull, EIC.

LIMOGES, J., LEMAIRE, R., DODIER, F. (1987). *Trouver son travail.* Montréal, Fides.

LIMOGES, J., HÉBERT, R. (1988). *Développement en tête.* Sherbrooke, CRP, Faculté d'éducation.

LOEVINGER, J. (1976). *Ego development.* San Francisco, Jossey-Bass.

MEIRIEU, P. (1984). *Itinéraire des pédagogies des groupes I et II.* Lyon, Chronique sociale.

NUTTIN, J. (1965). *La structure de la personnalité.* Paris, P.U.F.

NUTTIN, J. (1980). *Motivation et perspective d'avenir.* Louvain, P.U.L.

NUTTIN, J. (1980). *Théorie de la motivation humaine.* Paris, P.U.F.

PAQUETTE, C. (1982). *Analyse de ses valeurs personnelles.* Montréal, Québec/Amérique.

PARÉ, A. (1977). *Créativité et pédagogie ouverte.* Laval, NHP.

PARÉ, A. (1984). *Journal: instrument d'intégrité personnelle et professionnelle.* Montréal, Centre d'intégration de la personne.

PELLETIER, D., NOISEUX, G., BUJOLD, R. (1972). *Activation du développement vocationnel et personnel.* Montréal, McGraw Hill.

PELLETIER, D., NOISEUX, G., POMERLEAU, E. (1983). *La collection Éducation au choix de carrière.* Sainte-Foy, Septembre.

PELLETIER, D., BUJOLD, R. (1984). *Pour une approche éducative en orientation.* Chicoutimi, Gaétan Morin.

PERRON, J. (1981). *Valeurs et choix en éducation.* Saint-Hyacinthe, Edison.

PINCHOT III, G. (1985). *Intrapreneurship.* New York, Harper & Row.

PINEAU, G. (1987). *Temps et contretemps.* Montréal, Saint-Martin.

PINES, A. et al. (1982). *Se vider dans la vie et au travail.* Montréal, du Jour.

PLAMONDON, L., PLAMONDON, G., CARETTE, J. (1984). *Les enjeux après 50 ans*. Paris, Laffont.

PROULX, S. (1986). *Changer sans tout casser*. Montréal, Méridien.

PURPEL, D., BÉLANGER, M. (1972). *Curriculum and the cultural revolution*. Berkeley, McCutchan.

RAINVILLE, M. (1980). *Manuel pratique de formation à l'approche de Kohlberg*. Carignan, Rainville.

RATHS, L. E. *et al*. (1966). *Values and teaching*. Colombus, Merrill.

RIVERIN-SIMARD, D. (1985). *Étapes de la vie au travail*. Montréal, Saint-Martin.

RONDEAU, R. (1980). *Les groupes en crise?* Montréal/Bruxelles, Fides/Mardaga.

ROY, L. (1983). Notre spécificité: la relation dynamique individu-travail. *Orientation professionnelle, 18*(3).

RUESCH, J., BATESON, G. (1968). *Communication*. New York, Norton.

SAUVÉ, L. (1983). *Valeurs et clarification de valeurs: influence et application en orientation* (essai de maîtrise). Sherbrooke, Faculté d'éducation, Université de Sherbrooke (non publié).

SCHUR, E. (1976). *The awareness trap*. New York, McGraw Hill.

SHEEHY, G. (1982). *Franchir les obstacles de la vie*. Paris, Belford.

SIMON, S., KIRSCHENBAUM, H. (1972). *Values clarification*. New York, Hart Pub.

SIVADON, P., FERNANDEZ-ZOILA (1983). *Temps du travail, temps de vivre*. Bruxelles, Mardaga.

SAINT-ARNAUD, Y. (1978). *Les petits groupes*. Montréal, P.U.M./CIM.

SAINT-ARNAUD, Y. (1983). *Devenir autonome*. Montréal, du Jour.

STUFFLEBEAM, D. (1980). *L'évaluation en éducation et prise de décision*. Québec, NHP.

TEILHARD DE CHARDIN, P. (1959). *L'avenir de l'homme*. Paris, Seuil.

TERKEL, S. (1974). *Working*. New York, Avon.

VAILLAND, G. (1977). *Adaptation to life*. Boston, Little, Brown.

VALASKAKIS, K. (1988). *L'évolution du Québec d'ici l'an 2000*. Conférence prononcée au colloque de la CPCOQ, en juin 1988 à Québec.

VIAL, J. (1987). *Les vocations et l'école*. Paris, ESF.

VON FRANZ, M.-L. (1981). *L'âne d'or*. Paris, La fontaine de pierre.

— (1984). Changement personnel autogéré. *Revue québécoise de psychologie, 5* (3).

# Table des matières

Typographie et mise en page sur micro-ordinateur: MacGRAPH, Montréal.

Achevé d'imprimer le 12 avril 1989, à Cap Saint-Ignace,
sur les presses des Ateliers graphiques Marc Veilleux,
pour le compte des Editions Fides.